志愿者文化丛书

钱理群

编选·导读

陶行知卷

生活·讀書·新知 三联书店

图书在版编目（CIP）数据

志愿者文化丛书. 陶行知卷 / 钱理群编选、导读. —北京：生活 · 读书 · 新知三联书店，2018.12
ISBN 978－7－108－06337－3

Ⅰ. ①志… Ⅱ. ①钱… Ⅲ. ①陶行知（1891—1946）－教育思想－研究 Ⅳ. ① C51 ② G40-092.6

中国版本图书馆 CIP 数据核字（2018）第 135117 号

责任编辑 叶 彤
装帧设计 薛 宇
责任校对 曹忠苓
责任印制 徐 方
出版发行 生活 · 讀書 · 新知 三联书店
（北京市东城区美术馆东街 22 号 100010）
网 址 www.sdxjpc.com
经 销 新华书店
印 刷 河北鹏润印刷有限公司
版 次 2018 年 12 月北京第 1 版
2018 年 12 月北京第 1 次印刷
开 本 787 毫米 × 1092 毫米 1/32 印张 6.25
字 数 88 千字
印 数 0,001－8,000 册
定 价 28.00 元
（印装查询：01064002715；邮购查询：01084010542）

《志愿者文化丛书》

总 序

“志愿者”是21世纪以来出现的、以青年为主体的新的社会群体，按中国的传统，称为“义工”。它的基本特点，一是志愿性，即内发性（出于自我内在生命的需要，而不是外在功利的诱惑）和自发性（是自己的主动、自主的选择，而非外在力量的强制）；二是民间性和公益性：既是非政府性的组织，又是非营利性的组织，是人们说的“第三部门”。它对政府机制和市场机制形成必要的补充与制约。

不难看出，这样的志愿者组织，是以某种共同的价值观、生活观凝聚在一起的：许多人奉行个人中心主义和极端利己主义，这群人却尝试“利我利他，自助助人”的新伦理；许多人沉湎于个人的无止境的物质享受，感官刺激，奢侈消费，这群人却相信人不仅有物质的欲望，更有精神的追求，尝试着一种“物质简单，精神丰裕”的新的生活方式；许多人奉行将他人视为敌人的丛林法则，进行残酷的你死我活的生存竞争，这群人却尝试着视他人为兄弟，在志愿者与服务对象之间，在志愿者之间，建立起人与人相互信任、尊重、支持的新关系；许多人陷入所想与所做的分离，将真实的自我掩饰、保护起来，被迫或主动生活在谎言中，这群人却尝试着通过志愿者活动将“想、说、行”统一起来，努力生活在真实之中，如此等等。

志愿者组织在某种程度上，就是一所公民大学堂。志愿者将在这个自主、自由、多元、开放的群体中，学会参与和独立创造，学会对话、合作和互助，学会平等、公平和互惠，学会宽容、妥协、自我约束和相互监督。

这样的新理想、新思想、新伦理、新价值、新的生活方式、新的人与人的关系以及新的人与自然的关系……就构成了全新的“志愿者文化”。

而这样的志愿者文化，正在遭遇新的挑战。随着志愿者公益组织被社会和公众广泛认同，随着社会组织日益壮大与发展，也出现了新的危机：它很容易成为一种“时髦”，和某种利益捆绑在一起，人们纷纷盲目加入，却不去思考其背后的理念。这样，就会逐渐模糊、淡化最初的理想、追求，失去了目标，造成独立性的丧失，甚至被异化，同时内部的矛盾也会逐渐暴露与激化，甚至导致分化。这样，志愿者组织自身的思想建设，就成为迫在眉睫的任务；其核心就是志愿者文化的建设，即要重新回到最初的出发点上思考：“我是谁？我要做什么？我要达到什么目标？”

更重要的是，我们还面临着一个开拓与发展志愿者文化，使其本土化的历史任务。我们今天在讨论志愿者文化时，更多地借鉴了西方的资源，这是可以理解的，并且是必要与有益的，但又是不够的。因为不仅这些外来的思想、理念本身有一个和中国国情相适应的问题，而且中国本土，无论是古代传统、现代传统，还是民间传统里，都存在着丰富的思想、文化、理论资源，足以成为我们今天所提倡的志愿者运动的精神滋养。

我们还注意到，随着中国社会的发展，近年来，出现了社会工作者这一新的职业群体。他们大都经过大学教育的专业训练，所从事的也是专业工作，因而有别于志愿者群体。但他们担负的是社会服务工作，也有自己的社会工作伦理，他们也需要有志愿者精神，也同样需要从中国传统里吸取资源，实现社会工作的本土化。

我们编选这套“志愿者文化丛书”，就是要对中国本土的志愿者文化资源进行一次发掘、整理与研究。首先推出的是现代资源，除了介绍现代文化的先驱鲁迅关于“中国人和中国社会的改造”的思想外，重点推出20世纪三四十年代平民教育与乡村改造、建设的四大先驱梁漱溟、晏阳初、陶行知、卢作孚的理论与实践；以后，如有条件，我们还准备进一步发掘中国儒家与墨家的资源。为了便于年轻的志愿者和社会工作者朋友的阅读与学习，我们从先驱者浩繁的著作里，精心选编了相关的语录，附有部分原文，并有详尽的“导读”。我们期待，这套丛书能成为志愿者公益组织思想建设和社会工作者教育的阅读文本，有助于志愿者和社会工作者朋友，走进先驱者的精神世界，和他们进行心灵的交流。同时，我们也清楚，这是一项开拓性的工作，编选中的缺点与不足，在所难免，因此，欢迎读者不吝赐教。

2013年2月14日

目 录

导 读

中国从事教育工作的，无论是学校教育，还是平民教育，大概都知道陶行知。郭沫若有言："两千年前孔仲尼，两千年后陶行知。"这或许有些夸张，但这样来强调陶行知对中国现代教育的巨大而深远的影响，还是符合实际的。

陶行知于 1891 年 10 月 18 日诞生在安徽省歙县的一个农家里。他十六岁在耶稣教内地会所办的学堂读书时，即在卧室墙壁上写道："我是一个中国人，要为中国做出一些贡献来。"后来，他先后进入南京金陵大学、美国伊利诺伊大学学习，后转入哥伦比亚大学师范学院攻读教育，以杜威、孟禄等为师，1917 年毕业。在回国的船上，他立下"我要使全中国人都受到教育"

的宏志，终生不渝。

陶行知的教育事业起步于1922年出任中华教育改进委员会主任干事之时，以后他又和晏阳初一起组织中华平民教育促进会，共同成为中国现代平民教育的早期推动者。真正打上陶行知个人烙印的教育实验，则是从推动成立南京燕子矶试验乡村幼稚园（1926年）和创建南京晓庄试验乡村师范学校（1927年）开始的。陶行知自身的教育实践也经历了由城市贫民为主的平民教育向农民教育的重心转移，以及将乡村教育与乡村建设相结合的最初尝试。这与晏阳初的教育思想与实践的发展是同步的，是显示了20世纪二三十年代中国教育与改造的发展趋势的。

在此过程中，陶行知逐渐形成了自己独特的教育思想，先后提出了“生活即教育”“教学做合一”“社会即学校”等教育命题。20世纪30年代，他更致力于“艺友制教育”“乡村工学团”和“小先生教育”，教育思想与实践都进入成熟期，并拥有众多的追随者，影响越来越大。

抗战爆发后，陶行知立即投身于爱国救亡运动，提倡“国难教育”，推动大众教育与民族解放运动的结合，并于1936年至1938年遍访欧美、亚洲各国，宣传中国抗日，争取国际支持，得到了广泛响应，回国后先后创办晓庄研究所和培养难童中的天才儿童的育才学校（1939年）。抗战后期与抗战胜利后，他又积极推动民主教育，为之倾注全部心血，1946年7月25日因脑溢血骤然去世。人们赞誉他为“人民教育家”（毛泽东、朱德）、“伟大的思想家”（徐特立）、“不屈不挠的民主斗士”（郑振铎），“是一往直前地奔赴真理的一个人”（梁漱溟），“不仅仅是属于中国的，而是属于全世界的”（美国华莱士）。

（一）

陶行知的教育思想博大精深，我们应从哪里切入？怎样寻找我们这些普通教师和支教志愿者进入陶行知教育世界的通道？这是我们首先遇到的问题。

于是，我们注意到了陶行知的一段自述：“我的中国性与平民性是很丰富的。我的同事都说，我是一个‘最中国'的留学生。经过一番觉悟，我就像黄河决了堤，向那中国的平民的路上奔流回来了。"[1]同时想起的是和陶行知同时代的著名儿童教育家陈鹤琴先生对陶行知的评价，他说陶行知最大的特点，也是最重要的教育家品格就是"热爱儿童，热爱大众，热爱一切弱者"。[2]

中国性与平民性，这正是陶行知教育思想和实践的两大特点与核心，是我们学习与领会陶行知教育思想应紧紧抓住的纲，纲举而目张，循此探求，他的其他具体论述都可以迎刃而解。

先说"中国性"。陶行知说得很清楚，他的教育试验的一个基本目标，就是要创建出"真正适合中国国情并为中国服务的教育制度"。[3]其实不仅是陶行知，我们讨论的晏阳初等人，都是以此为目标的。有意思的是，他们都是留学生，也都曾经把"外国学来的教育制度拉到中国来"，"只以为这是文明国里的时髦物品，都装在东洋车里拉回来"，陶行知因此自嘲为"东洋车夫

---

1 陶行知:《创造一个四通八达的社会》。
2 见叶良骏编撰:《陶行知箴言》，第 284 页，上海教育出版社 2011 年出版。
3 陶行知:《民国十三年中国教育状况》。

之一”。[1]但一旦真正接触到中国这块土地和土地上的文化与人民，他们就懂得了必须要“在中国实际生活上面找问题”，为解决中国问题而进行教育的试验，从而创造出中国自己的教育思想与理论。当然，他们也不会因此拒绝学习西方的教育经验，如陶行知所说，他们的新创造是“吸收了旧的和新的、国内和国外的办学精华，因而是非常适合于新中国需要的”。[2]陶行知们的这条自力更生寻找中国自己的教育发展道路的路线，也应该是我们今天继续推动教育改革所要遵循的，它既是出发点也是最后归宿。

也许陶行知教育思想中的“平民性”，是更能引起我们共鸣的。值得注意的是，陶行知思想的平民性，是建立在“济弱扶倾”即“弱者本位”和“幼者本位”的价值立场上的，[3]这也是“五四”那一代人所坚守的，是和中国传统的“强者本位”与“长者本位”相对立的。在陶行知这里，这突出地表现为他对两个群体——“大

---

1 陶行知:《晓庄试验乡村师范学校创校概况》。

2 陶行知:《民国十三年中国教育状况》。

3 参看陶行知:《共和精义》。

众”与“小孩”——的特殊情感与持续关注；他自己也明确宣示：“靠自己动手做工吃饭的真工人，和靠自己动手种田的真农民，和劳苦大众的小孩”是他的“整个的理论”的“基础”。[1]如前引陈鹤琴先生所言，这正是陶行知教育思想中最具特色和魅力的部分，“热爱儿童，热爱大众，热爱一切弱者”应该是我们今天的教师与支教志愿者遵循与坚守的基本价值立场和行为准绳，也是我们走进陶行知教育世界的基本通道。

因此，我们学习、领会陶行知教育思想，最应该注意的，是他的农民观、儿童观以及相应的关于乡村教育与儿童教育，特别是幼儿教育的思考。

陶行知说他的晓庄试验是“从爱里产生出来的：因为他爱人类，所以他爱人类中最多数而最不幸之中华民族；因为他爱中华民族，所以他爱中华民族中最多数而最不幸之农人”。[2]足见他的农民之爱是建立在人类之爱、民族之爱这样的大爱的基础上的，自然也是

1 陶行知：《答复子钵先生之批评》。
2 陶行知：《晓庄三岁敬告同志书》。

建立在对农民和农村对于中国社会存在与发展的“安根”意义的理性把握基础上的。[1]他因此为所有到农村去的青年和知识分子立了一个信条：“心里要充满那农民的甘苦。我们要常常念着农民的痛苦，常常念着他们所想得到的幸福，我们必须有一个‘农民甘苦化的心’”[2]；要“每人每天自问：为农人服务了没有？自己做学问，和农人发生了关系没有？”[3]——在我看来，这也应该成为今天的农村教师与支教志愿者的座右铭。

这背后蕴含着陶行知关于知识分子、青年人与农民关系的观察、思考与理想。他谈到，知识分子下乡，大体会经历三个阶段。开始是“抱着教人的态度”，也即启蒙者的精英立场，将农民视为“乡愚”、“开化”的对象。以后，在与农民的长期接触里，发现了农民的长处与自己的不足，就“始而把农人当作书读”，即研究的对象；“继而和农人做朋友，终而拜农人做先生”。一般说，发展到这一阶段，已经是一个很大的进步了，

1 陶行知：《如何教农民出头》。

2 陶行知：《我们的信条》。

3 陶行知：《为农人服务的方针和做学问的方法》。

许多知识分子也就止步于此。陶行知却认为不能为此而“自满”，还要再发展一步，使自己“成为农人队伍中之一分子，和农人共甘苦，同休戚”，“教农人联合起来自己救自己”。[1]这样的三部曲：从“教农人”到“向农人请教”，最后成为农人中的“一分子”，帮助农人“自己救自己”，恐怕也是今天知识分子和青年下乡后所要经历的，并极具启发性。

由此引发的是陶行知对乡村教育的特殊关照。他首先发现的是“中国乡村教育走错了路！”，这确实是一个惊心动魄的发现：“他教人离开乡下往城里跑，他教人吃饭不种稻，穿衣不种棉”；“他教人羡慕奢华，看不起务农”；“他教农夫子弟变成书呆子”；“他教富的变穷，穷的变得格外穷；强的变弱，弱的变得格外弱”。[2]我们今天读到这番话，更是有触目惊心之感：因为这样的“走错了路”的历史还在延续，甚至变本加厉，越走越远。我在一篇文章里曾经指出，今天中国

1 陶行知：《四十万人是参考书吗？》。
2 陶行知：《再论中国乡村教育之根本改造》。

农村教育最根本的问题，就是“落入了‘城市中心主义’的误区”：它是“以通过逐层考试，最后成为城里人”为教育的最终目的和最终指向的。因此，我们的乡村教育不但“是与农村生活无关的教育”，而且教育的“城市取向”，使农村的孩子早在“心灵上失去了农村的家园”，他们中考上大学的，就“从此走上了永远的‘不归路’”，即使考不上大学，或者大学毕业找不到工作回到农村，“也无心在农村寻求发展。他们中有些人就成了在城市与农村都找不到自己位置的‘游民’”，真的“穷的格外穷，弱的格外弱”了。[1]

面对这样的仍在继续发展的农村教育的现实，我们在感到沉重的同时，也就更为陶行知的乡村教育思想所吸引：因为他提出了乡村教育发展的另一条途径、另一种可能性。和以脱离农村为指归的传统与现实的农村教育相反，陶行知为乡村教育指出的“生路”，是“建设适合乡村实际生活的活教育”，[2] 其核心就是教育和农

1　参看钱理群：《我的农村教育的理念和理想》，见《那里有一方心灵的净土》，第135、136、137页，中国文联出版社2008年出版。

2　陶行知：《再论中国乡村教育之根本改造》。

村实际生活的结合。陶行知提出要自觉地运用乡村“环境里的活势力，去发展学生的活本领”。[1]我理解，这里实际提出的是一个如何充分发挥乡村的自然环境与乡村地方文化在乡村教育中的作用的问题。这正是乡村教育与城市教育相比较而独具的优势。乡村大自然环境的熏陶，“人在自然中”，这本身就是一个最基本、最重要，也是最理想的教育状态；农村本土的民间节日、戏曲、习俗，是潜移默化的文化传递渠道；农村特有的生活方式：全家在一个庭院里朝夕共处，邻里间鸡犬相闻所形成的亲情、乡情，更具有独特的精神与道德力量等。由这些内容构成的乡土、地方知识，应该是乡村教育的有机组成部分。从书本上获得的普同性知识和从活的农村环境里获得的地方性知识，本是农村教育知识体系的两大资源，是相辅相成的：前者使学生走出乡村，与民族、人类的大文明相联结；后者使学生获得本土精神家园、“乡下人”的文化自信，两者都是农村孩子健康成长所必需，是缺一不可的。但

1　陶行知：《再论中国乡村教育之根本改造》。

城市取向的乡村教育，却将地方性的活的乡土知识完全排斥开，只留下单一的片面的书本上的普同性知识教育，结果就导致农村孩子失去了和养育自己的土地以及土地上的文化、乡亲的精神联系，成了无根的人。这是前面所说的农村孩子一旦离开乡村，就走上“不归路”的内在原因。[1]因此，当年陶行知对农村环境里的活的乡土知识的强调，是抓住了要害，极具远见的。

陶行知乡村教育思想的另一个重点，就是强调乡村教育和乡村社会改造的结合。他说：“办学和改造社会是一件事。”这句话包含了两个侧面：一方面，“改造社会而不从办学人手，便不能改造人的内心；不能改造人的内心，便不是彻骨的改造社会”；另一方面，“办学而不包含社会改造的使命，便是没有目的，没有意义，没有生气”的教育，是根本没有出路的。[2]陶行知由此而提出了一个重要的命题：“乡村学校应当作改造乡村

---

1 参看钱理群：《我的农村教育的理念和理想》，见《那里有一方心灵的净土》，第 140—142 页；《关于乡土教材编写的断想》，见《重建家园》，第 114—116 页，广西师范大学出版社 2012 年出版。

2 陶行知：《地方教育与乡村改造》。

生活的中心。"[1]这是对乡村教育的一个重要定位：它不仅要参与乡村社会的改造，而且要成为乡村生活的"中心"。他说，"以后看学校的标准，不是校舍如何，设备如何，乃是学生生活力丰富不丰富"，参与乡村生活改造与建设的成效如何："村道已四通八达了吗？村中人人都能自食其力吗？村政已经成了村民自有、自治、自享的活动了吗？"[2]后来陶行知在讨论"小先生运动"时，特意提到农村教育的一个重要功能：不仅要教育农民的孩子，而且要利用孩子的力量，去教育他们自己的父母、祖父母，还可以通过办夜校等方式，将学校教育与农民教育有机地结合起来，农民的孩子当"小先生"，就"像通电的电线，把乡村学校和每家每户连接起来，全村都成了学校，教育之光照遍每个角落"，乡村学校也自然成了乡村生活的中心。[3]今天重读陶行知的这些论述，可能会有一种陌生感，因为当下中国的农村现实和陶行知的理想实在相距太远：乡村改造

---

1 陶行知：《我们的信条》。
2 陶行知：《再论中国乡村教育之根本改造》。
3 陶行知：《中国的大众教育运动》。

与建设本身就没有上轨道，城市取向的乡村教育更是远离乡村生活与改造。但或许正因为如此，陶行知的理想就更显出了其方向性的意义，它至少提醒我们：无论身处农村任教，还是到农村支教，都不能只看教育，而要关注教育之外的农村政治、经济、文化的实际问题和农村生活改造；并且在可能的范围内，参与农村建设与改造，“农村教育不应是自我封闭的，而应是开放的，要发挥学校的外扩性影响与发射作用”[1]。

陶行知乡村教育思想的第三个重要方面，是把乡村教师的培养放在战略性的突出位置上：“培养乡村师资是地方教育之先决问题，也是改造乡村的先决问题。不在培养人才上做功夫，一切都是空谈。”[2]和“乡村学校应当作改造乡村生活的中心”的命题相适应，陶行知又进一步提出“乡村教师应当作改造乡村生活的灵魂”[3]。这自然是一个很高的要求。在陶行知看来，“乡村

---

1 参看钱理群：《我的农村教育的理念和理想》，见《那里有一方心灵的净土》，第144页。

2 陶行知：《地方教育与乡村改造》。

3 陶行知：《我们的信条》。

教师必须有农夫的身手、科学的头脑、改造社会的精神”。[1]这就需要有相应的培养与训练。于是就有了“发展乡村师范教育”的任务的提出和创办晓庄乡村师范的试验，它们构成了陶行知教育理论与实践的核心部分。陶行知指出，中国的师范学校多半设在城里，这同样也是一种城市取向的教育，“对于农村儿童的需要苦于不能适应。城居的师范生平日娇养惯了，自然是不愿意到农村去的。就是乡下招来的师范生，经过几年的城市化，也不愿回乡服务了。所以师范学校虽多，乡村学校的教员依然缺乏”。陶行知因此提出要发动“师范教育下乡运动”，不仅要在乡村办师范分校，而且要“训练学生改造眼前的乡村生活”，使“每一个师范毕业生将来（都）能负改造一个乡村之责任”。[2]陶行知强调发展乡村师范教育是发展乡村教育，乃至改造乡村的关键环节，是真正抓住了要害。时至今日，乡村教师队伍建设，依然是一个迫在眉睫的任务。这里有

1　陶行知：《我们的信条》。
2　陶行知：《师范教育下乡运动》。

两个关键：一是有没有足够的安心于农村教育、长期而稳定的教师队伍；二是这些教师是否具有适应农村教育和农村改造的需要的素质、修养和能力。这两方面恰恰是当下中国农村教育所欠缺的，因而成了发展农村教育的“瓶颈”问题。我们自然可以通过城市对农村的反馈，通过支教支农来缓解矛盾，但最根本的，还应该是乡村土生土长的教师的培养。这样，陶行知所倡导的“乡村师范教育”就具有了特别重要的意义。这种教育的特点有三：一是设立在乡村，至少是在县城；二是“顾全农家子弟”[1]，采取特殊政策（如全额免费、包分配）来吸引农村优秀青年；三是课程设置、教学内容与方法都切合农村实际。这样培育出来的学生，就能留得住、教得好，真正成为乡村教师队伍的骨干。其实，在陶行知教育思想的影响下，中华人民共和国成立以后，我国的中等师范学校和幼儿师范学校都有过很大的发展。这样的中师和幼师都有明确的“面向农村”的办学方向，所学与农村所需相符合，“重视学

1 陶行知：《关于师范教育的意见》。

生各方面能力的培养，体育、舞蹈、音乐、绘画、三笔字（毛笔、硬笔、粉笔）、普通话、教育学、心理学，样样都有所涉及，这是最适合农村小学教育的需要的，最后受益的是学生”。而且学生没有高学历，也就没有多少好高骛远、见异思迁的想法，工作踏实、勤恳，特别受基层领导、农民和家长的欢迎。事实上，这些按照陶行知乡村师范教育思想培养出来的中师、幼师毕业的学生，长期以来，一直是中国农村教育的骨干和基层领导。但在90年代以后，特别是21世纪以来，师范教育在“升级提高”的口号下，实际上取消了中等师范教育，淡化了师范大学教育的师范性，一律向综合性大学看齐，这就造成了极其严重的后果。在我看来，这正是当下中国农村教育面临缺乏稳定的高质量师资危机的根本原因；[1]解决的办法，还是要回到陶行知所倡导的“发展乡村师范教育”的路上来。

陶行知的儿童观和相应的儿童教育观，特别是幼儿教育观，应该是陶行知教育思想中最具光彩的部分。

1　参看钱理群：《我的农村教育的理念和理想》，见《那里有一方心灵的净土》，第145—147页。

首先是他的儿童观。人们通常说，“儿童是未来的主人翁”，但陶行知却提出了质疑，并由此开始了他对儿童问题的独特思考。他指出，这一传统儿童观，“表面看去好像是一种期待，其实是一种变相的抹杀，抹杀了儿童的现在的资格”；他因此针锋相对地提出了“儿童是现在的小主人”的教育命题。[1]这里提出的，是一个是否承认儿童的独立价值与权利的问题。这其实也是“五四”那一代人最为关注的问题。周作人就谈到，传统的儿童观不是将儿童看作“不完全的小人”“一笔抹杀”，就是“将他当作缩小的成人”，独独不承认儿童是人生发展的一个“独立”阶段，“仍是完全的个人，有他自己的内外两面的生活”，“自有独立的意义与价值”。[2]陶行知由此引发出三个重要观念。

其一是“尊重”。尊重儿童的独立权利，首先是“儿童的人权”即“生存权”；[3]其次是儿童的发展权，自由

1　陶行知：《从今年的儿童节想到明年的儿童节》。

2　周作人：《儿童的文学》，见《儿童文学小论》，第37、38页，河北教育出版社2002年出版。

3　陶行知：《敲碎儿童的地狱，创造儿童的乐园》。

地学习、思考、动手、参与、发问，维护独立意志的权利。[1]维护儿童权利的目的，是要“由儿童自己去创造”属于他们自己的“儿童的世界”：“儿童的世界不是由大人们造好了之后，现现成成地交给小孩子去享受”；儿童的世界又是一个“只有真话，没有谎言”“只有理智，没有恐怖”“只有创业，没有享福”“有人中人，没有人上人，没有人下人，没有奴隶”的世界。[2]

其二是“理解”。陶行知说：“儿童需要的不是爱，而是理解”——“不要你哄，不要你捧，只要你懂。”[3]理解“儿童的需要”“儿童的心理”“儿童的能力”，[4]懂得“小孩的问题、小孩的困难、小孩的愿望、小孩的脾气”，这样，在理解的基础上，就能充分发挥儿童的“创造力”。[5]

其三是“解放”。这就是陶行知著名的五大解放论：“（一）解放小孩子的头脑，从迷信、成见、曲解、

1 参看陶行知：《育才学校教育纲要草案》，《第一届儿童节献词》等。
2 陶行知：《儿童的世界》。
3 陶行知：《谈谈儿童节》。
4 陶行知：《活的教育》。
5 陶行知：《小学教师与民主运动》。

幻想中解放出来”；“（二）解放小孩子的双手。中国人对于小孩子一直是不许动手，动手要打手心，往往因此摧残了儿童的创造力”；“（三）解放小孩子的嘴。小孩子有问题要准许他们问，从问题的解答里，可以增进他们的知识”，“小孩子得到言论自由，特别是问的自由，才能充分发挥他们的创造力”；“（四）解放小孩子的空间”，“让他们去接触大自然中的花草、树木、青山、绿水、日月、星辰以及大社会中之士、农、工、商、三教九流；自由地对宇宙发问，与万物为友，并且向中外古今三百六十行学习”；“（五）解放儿童的时间”，“一般的学校把儿童的全部时间占据，使儿童失去了学习人生的机会，养成无意创造的倾向。到成人时，即有时间，也不知道怎样下手去发挥他的创造力了”。[1]

我读陶行知的五大解放论，最为感动，也最有感触的，是他的“解放小孩子的空间和时间”的呼吁。在我看来，这都是击中了陶行知那个时代已经存在，而今天更是发展到登峰造极的应试教育的要害的；陶

1 陶行知：《创造的儿童教育》。

行知说他“反对过分的考试制度的存在”，其理由就在于此。我注意到，陶行知特别关注时间的解放，似乎有一种切肤之痛。他一则说，“创造的儿童教育，首先要为儿童争取时间之解放”；[1]二则说，“把时间挤得滴水不漏，使得学生对于民族前途和别的大问题一点儿也不能想，再也没有一定空闲去传达文化，唤起大众。这是亡国教育”；[2]三则说，“解放时间，把人民和小孩从劳碌中解放出来，使大家有点空闲，想想问题，谈谈国事，看看书，干点对老百姓有益的事，还要有空玩玩，才算有点做人的味道”。[3]在陶行知这里，时间、空间的解放，关系着儿童精神的自由、视野的开阔，以及创造力的发挥；而应试教育剥夺了儿童的时间与空间，无异于扼杀儿童的自由与创造，同时也窒息了民族精神发展的活力；陶行知说，“这是亡国教育”，绝非夸大其词。

或许最具陶行知个人特点的，还是他的“向小孩

1 陶行知：《创造的儿童教育》。
2 陶行知：《文化解放》。
3 陶行知：《民主教育》。

子学习”的思想，他甚至宣布:“不愿向小孩子学习的人，不配做小孩子的先生。”[1] 陶行知坦然承认:“在我的世界里，小孩和青年是最大，比什么伟人还大。”[2] 这里大概也有“五四”时期的“小儿崇拜”思潮的影响，但对陶行知而言，“向小孩子学习”这一命题的提出，是建立在他对儿童创造力的高度体认基础上的。在他看来，关键是立足点放在哪里：以成人的眼光与立场来看小孩，就会觉得小孩什么都不懂，更不能做，离开大人，寸步难行，是一个完全被动的受惠者、受教育者；但陶行知告诫说：若是您“变成小孩子”，“和小孩子一般儿大，一块儿玩，一块儿做工，谁也不觉得您是先生。您立刻发现，小孩子的能力大得很：他能做许多您不能做的事，也能做许多您认为他不能做的事”，同样是一个具有主动性、能动性的创造者。结论是：“人人都说小孩小，谁知人小心不小。你若小看小孩子，便比小孩还要小。”[3]

---

1 陶行知:《小学教师与民主运动》。

2 陶行知:《小孩青年比什么伟人还大》。

3 陶行知:《师范生的第二变——变成小孩子》。

也是基于这样的认识，陶行知就把儿童教育置于特殊重要的位置。他郑重指出："教人要从小教起。幼儿比如幼苗，必须培育得宜，方能发荣滋长，否则幼年受了损伤，即不夭折，也难成材。所以小学教育是建国之根本，幼稚教育尤为根本之根本。"[1] 教育的重心放在哪里？这在中国教育界是有不同选择的：以蔡元培为代表的教育家视大学教育为决定民族命运的根本；而另一批教育家则以基础教育，特别是小学、幼儿教育为根本。陶行知是后者最重要的代表。

我尤其感兴趣的，是陶行知关于幼稚园教育的论述。他这样谈到幼稚园教育的重要性："人格教育端赖六岁以前之培养。凡人生之态度、习惯、倾向，皆可在幼稚时代立一适当基础。"[2] 其着眼点显然在为人一生的"做人"打基础。陶行知所要推动的是幼稚教育的改革，因为在他看来，中国的幼稚教育从一开始就"害了三种大病"：一是"外国病"，所读、所唱、所玩、

1 陶行知：《如何使幼稚教育普及》。
2 陶行知：《幼稚园应有之改革及进行方法》。

所吃，全是“外国货”，“中国幼稚园成了外国货的贩卖场”；二是“花钱病”；三是“富贵病”，“幼稚园只是富贵人家的专用品，平民是没有份儿的”。——这样的弊病是延续至今的，可谓中国幼稚园教育的痼疾。因此，陶行知当年的呼吁，今天依然有力：“要把外国的幼稚园化成中国的幼稚园；把费钱的幼稚园化成省钱的幼稚园；把富贵的幼稚园化成平民的幼稚园。”[1]这呼吁的背后的理念，就是我们前面讨论的陶行知教育思想中的“中国性”与“平民性”。

于是陶行知就发现了“幼稚园的新大陆”。他指出，在中国，最需要幼稚园、最欢迎幼稚园、“幼稚园应当到而没有到”的地方，就是工厂与农村。他多次深情地谈到，处在紧张劳累的生产第一线，无暇照料自己幼儿的中国女工、农妇的精神痛苦，她们迫切地需要在工厂附近和农村田头有相当的幼稚园，给予她们“最切要的帮助”。他急切地写道：“乡村幼稚园，是乡村

---

1 陶行知：《创设乡村幼稚园宣言书》。

社会普遍的永久的需求”[1]，“幼稚园的下乡运动和进厂运动必须开始，实无疑义”[2]。今天重温陶行知当年的论述，不能不有许多的感慨：几十年过去了，幼稚园下乡，依然是一个梦想；而现实生活里，随着农村年轻的父母纷纷进城打工，大批的留守儿童无人教育，农村幼稚园的建立，更具有迫切性。在某种程度上，农村幼稚园教育已经成了乡村教育一个最薄弱的环节，亟待解决。这一点也是陶行知教育思想中最具有超前性的。

如果我们对陶行知关于农村教育和儿童教育思想做一个总结，就可以发现，陶行知的农民观、儿童观，有一个贯穿一切、始终坚持的基本点，就是把农民和儿童当作“人”，对他们独立“人格”的尊重，权利的争取和维护。他由此形成了其农村教育和儿童教育思想中的两个要点。其一是要争取与维护“教育机会平等。对人说，无论男、女、老、少、贫、富、阶级、信仰；从地方说，无论远近、城乡，都应有同等机会享受教

1 陶行知：《推广乡村幼稚园案》。
2 陶行知：《幼稚园之新大陆——工厂与农村》。

育的权利”，其中特别重要的就是维护农民及其子弟和儿童受教育的权利，[1]这样，才能真正保证每个人都能获得“立脚点”即起点的“平等”，这是一种最基本的平等。[2]其二，教育的最终目的，就是“教人做主人，做自己的主人，世界的主人”。也就是说，无论是农村教育，还是儿童教育，都必须尊重受教育者——农民及其子女和儿童的主体性，维护他们自己管理自己的权利，最大限度地培养与发挥他们的创造力。做到了这两点，教育才能真正成为“民有、民治、民享的教育”，这也正是“民主教育”的本质，而民主教育又是民主政治的基础。在这个意义上，我们也可以说，民主教育是陶行知教育思想的一个核心，他越到晚年，越是热衷于推行民主教育，绝不是偶然的。

---

1 陶行知：《民主教育》。

2 陶行知：《平等与自由》。

（二）

陶行知在总结自己的教育思想及发展道路时，曾经说："这十几年来，我有时提倡平民教育，有时提倡乡村教育，有时提倡劳苦大众的教育，不知道的人以为我见异思迁，欢喜翻新花样，其实我心中只有一个中心问题，这问题便是如何使教育普及，如何使没有机会受到教育的人可以得到他们所需要的教育。"[1] 为此，陶行知给自己规定了三大目标：一是"努力发展本国自己的教育，而不是发展从历史背景和自然条件不同的外国引进的教育"；二是"努力发展为广大劳苦大众服务的教育，而不是发展只为少数特权阶级的教育"；三是"努力发展完整的生活教育，而不是发展畸形的智力教育"。[2] 对陶行知自定的"中心思想"和三大目标中的"本国自己的教育"及"为广大劳苦大众服务的教育"，我们在前文已作过讨论，现在要讨论的是：

1　陶行知：《普及教育运动小史》。

2　陶行知：《中国的大众教育运动》。

“发展完整的生活教育，而不是发展畸形的智力教育。”这也是陶行知教育思想影响最大的一个部分。

这其实是陶行知教育思想中最具有现实批判性的部分，我们今天读来，更有切肤之感。

陶行知对“畸形的智力教育”有一个鞭辟入里的分析：这是“吃人的教育”。这可谓一针见血，而且还有这样的解剖：“它有两种吃法”：“（一）教学生自己吃自己。它教学生读死书、死读书。它消灭学生的生活力、创造力；它不教学生动手、用脑。在课堂里，只许听老师讲，不许问。好一点的，在课堂里允许问了，但不许他到大社会里、大自然中去活动。……再加上要经过那些月考、学期考、毕业考、会考、升学考等等考试，到了一个人大学毕业出来，足也瘫了，手也瘫了，脑子也用坏了，身体的健康也没有了。大学毕业，就进棺材。这就是教学生自己吃自己。”“（二）教学生吃别人。它教人劳心而不劳力。它不教劳力者劳心。它更说：‘劳心者治人，劳力者治于人。’说得更明白一点，它就是教人升官发财。发谁的财呢？就是发农人、工人的财，……吃农人、工人的血汗。”这真是把话说透了：

畸形的智力教育，即应试教育，一让人读死书，死读书，读书死；二教人升官发财，做“人上人”，结果就是“吃自己”又“吃别人”。过去如此，今天依然如此，今后也还是如此。

陶行知说，这样的应试教育是一场“滑稽的悲剧”。首先是它荒唐的教育方式：一切围绕考试的指挥棒——“会考所要的必须教；会考所不要的不必教，甚而至于必不教，所有要教的只是书，只是考的书，只是《会考指南》！教育等于读书；读书等于赶考。”它的结果：“把性命赶跑了，把有意义的人生赶跑了，是把中华民族的前途赶跑了。”这具有极大的悲剧性。但奇怪的是，包括考官在内的所有推行应试教育的人，这样做时，没有一个是出于信念与信仰的，他们是“不相信会考而会考”，这就更透着滑稽了。[1]

问题是，这种只会给个人与民族带来灾难的，人人都明白其历史与现实的不合理性和荒谬性的应试教育，在中国，却屡批不倒，畅行无阻几十年，且越发

1 陶行知：《杀人的会考与创造的会考》。

不可收拾，这是为什么？

陶行知有一个很深刻的分析。他说，应试教育的目的，是要在中国制造一个“伪知识”阶级；而“伪知识”阶级又是由“特殊势力造成的。这特殊势力在中国便是皇帝”。这就是说，应试教育是统治者的意志的产物，是服从统治的需要，又是依靠现行统治体制来推行和维护的。陶行知分析说，任何统治者，特别是中国的皇帝，最害怕中国的老百姓掌握真知识，成为真知识阶级；因为老百姓有了“关于政治的真知灼见，谁的江山也坐不稳”。皇帝“他要把江山当作子孙万代之业”，最好的办法，就是让青少年和知识分子远离“真知识”，千方百计引诱人们“进伪知识的圈套”。他有一个法子，就是通过应试教育提供几个信息，“照他的意旨在伪知识上用功”，一、“便有吃好饭的希望”；二、“便有做大官的希望”；三、“便有荣宗耀祖的希望”。这就是为什么尽管谁也不相信从应试教育会得到新知识、真知识，但大多数人，从教育行政部门，到教师，以致家长，甚至学生自己，都趋之若鹜地直奔应试歧途的原因所在。陶行知说这是用“名利权位”对青少年和知识分子进行“收买”，将其训练、收编为“伪知识”阶级的统治术。[1]这就点到了要害。这是我所看到的对应试教育的实质和根源的最深刻的揭示与批判。

陶行知进一步指出，这样的应试教育会培养出一批“守知奴”。守知奴的最大特点，是“把知识占为私有”，“把知识当作商品买”。[2]这就点出了另一个要害：知识与教育商品化所造成的危机。但在陶行知时代，还不是主要危险，陶行知也只是感觉到了问题所在，并未展开论述。陶行知始料未及的是：六十多年后，“教育产业化”会成为由政府推动的国策。这种有领导、有计划、有组织地将教育变成商品，变为有利可图的商业机器的思路，直接导致了学校（从大学，到中学、小学，以致幼儿园）的公司化，各级教育行政官员就成了老板，教师成为雇员，家长、学生都是投资者或消费者。这不仅使教育者与被教育者的关系变成被雇佣与雇佣关系，直接造成师生关系、教师与校长关系、

1 陶行知：《“伪知识”阶级》。
2 陶行知：《从守财奴到守知奴》。

教师与家长关系的畸形化与极度紧张，演化出无数校园恶性事件，而且由利益驱动而形成的教育既得利益链条，也成为应试教育的社会基础。支配着人们的，不是教育理念、信仰，而是赤裸裸的利益：教育者（行政官员与教师）考虑的是如何将知识转化为商品以营利；受教育者（学生与家长）考虑的是如何通过教育投资，逐步升级，以谋求最好的职业，获取最大的利息。应试教育一旦与利益相联结，就坚不可摧，势不可当：谁要真正挑战应试教育，就等于打了教育既得利益者的饭碗，处于利益链条每一个环节上的人，从行政官员，到各种教材及辅助读物的编纂、出版、发行者，到教师、家长、学生，都会和你拼命，你就成了“教育公敌”。这样的商业逻辑与前面论及的政治逻辑相结合，就使得应试教育成为今天中国教育的一个难以撼动的堡垒，难以割除的毒瘤。这恐怕是从陶行知那个时代起，直到今天，中国教育最为沉重的话题，是我们每一个关心中国教育的人都必须面对的历史与现实。

如陶行知所说，应试教育是一种畸形的智力教育，自有其理论基础。作为一个教育家，陶行知的主要精力也是集中在理论上的辩驳与建树。他在一篇讨论“陶行知主义”的“系统”的文章里，把他的思考与主张，概括为十二条，其中最重要的是要处理好五个关系，即生活与教育的关系，教与学、做（用）的关系，劳力与劳心的关系，行与知的关系，以及社会与教育的关系，他据此提出了五大原则与思想，即“生活即教育”“教学做合一”“在劳力上劳心”“行是知之始，知是行之成”，以及“社会即学校”，从而构成了一个完整的教育思想体系。[1] 这或许更应该成为我们学习与讨论的重点。对陶行知这方面的教育思想已经有了很多的研究，我们也只能作一个概括性的讨论，在具有现实启发性的方面，略微多说几句。

在陶行知看来，“我国教育上的最大缺点”，是教育与社会的“隔绝”，与实际生活的“隔绝”，“学生一离开死的学校，踏入活的社会，便茫然无所措手足，一无所能”。[2] 对症之药就是“生活即教育”的理念，它

1 陶行知：《答复子钵先生之批评》，见《陶行知全集》第 2 卷，第 754 页，湖南教育出版社 1984 年出版。

2 陶行知：《敬告中小学教师》。

要求教育实现“从书本到人生的，从狭隘的到广阔的，从字面的到手脑相长的，从耳目的到身心全顾的”转变。[1] 所谓“生活是教育的中心”，包含了五个侧面的意思。其一是教育的内容：“用活的生活进行活的教育”，这样，就极大地开拓了教育的天地，“不但能引起他活泼的精神，并且还可以引起他的快乐”。即使是书本教育也要选择“与人生很有关系”的“活的书籍”。[2] 其二是教育的目的：“为生活需要而教育。”不是为教育而教育，为考试而教育，而是为满足人的生活需要，为人的健康成长，“好的教育是引人向上向前生活之力量，它是民族解放的工具，也是人类解放的工具。”[3] 其三是教育的功能与作用：“通过改造生活发挥教育的力量。”“学校必须给学生一种生活力，使他们可以单独或共同去征服自然，改造社会”，[4]“我们要到民间去的学生，不要到天上去的学生。学问之道无他，改造环境

1 陶行知：《生活即教育》。
2 陶行知：《活的教育》。
3 陶行知：《桂林战时民众教育工作人员须知》。
4 陶行知：《中国师范教育论》。

而已。不能把坏的环境变好，即读百万卷书，有何益处？”[1] 其四是教育的环境：“要想接受什么教育，便须过什么生活。”“倘若嘴里读的是主人的书，耳朵里听的是做主人的话，而所过的是奴隶的生活”，“依生活教育的观点看来，则断断乎要称奴隶的教育，或是假的主人教育”。[2] 其五，陶行知进一步提出，要“使学校成为一个小共和国”[3]，因为“今日的学生，都是将来的公民；将来所需要的公民，即今日所应当养成的学生”，在学校阶段，就应该使学生得到公民的训练。陶行知因此将学生自治教育置于特别重要的位置。一方面，要让学生组织起来，自己“管理自己”，并“自己立法、执法、司法”；另一方面，“因为学生还在求学阶段”，这样的学生自治，还有一个“练习自治”的意义和作用，通过训练，养成基本的民主自治的习惯，即对“公众幸福”的关怀和兴趣，对“共同事业”的参与能力，

1 陶行知：《驳特定学区论》。
2 陶行知：《护校宣言》。
3 陶行知：《新教育》。

以及对“公共是非”的判断力。[1]人们都在谈论中国的民主政治，讨论中国公民社会建设，却往往忽略了：民主政治与公民社会建设不仅是一个观念问题，更要转化为一种能力与习惯，这就需要从小训练起。这应该是学校教育的重要任务：为中国的民主政治打基础。

陶行知教育思想的另一个要点，是强调“教学做合一”。这里又包含了两个侧面的意思。

首先是“教”与“学”的关系。陶行知提出了一个似乎不成问题的问题：教师的本职是什么？什么是称职的教师？陶行知因此区分了三种教师：一种“只会教书”，“拿一本书要儿童来读它、记它，把那活泼的小孩子做个书架子、字纸篓”。——这大概是眼下大多数教师的做法；但在陶行知的教育观念里，这是误人子弟，是一种“要人死的教育”。第二种老师“不是教书，而是教学生”，把教育的“注意的中心点，从书本移到学生身上来了。凡是学生需要的，他都拿来给他们”。——这样的教师与教法自然比前一种要好得

1　陶行知：《学生自治问题的研究》。

多，已经比较接近教育的本质了，在当下中国教育界已属难能可贵，但在陶行知看来，还有一个根本的缺陷：“学生还是在被动的地位。”于是就有了一个严重问题：“先生不能一生一世跟着学生。世界上新理无穷，先生安能尽把天地间的奥妙为学生一齐发明？”结论是：“先生所能给学生的，是有限的，其余还是要学生自己找出来的。”由此而产生了对第三种教师的期待：“我以为好的先生不是教书，不是教学生，乃是教学生学。”这里最关键的，“就是把教与学联络起来：一方面要先生负指导的责任，一方面要学生负学习的责任”。“对于一个问题，不是要先生拿现成的解决方法传授学生，乃是要把这个解决方法如何找来的手续程序安排停当，指导他，使他以最短的时间，经过相类的经验，发生相联的理想，自己将这个方法找出来，并且能够利用这种经验理想来找别的办法，解决别的问题。得了这种经验理想，然后学生才能探知知识的本源，求知识的归宿，对于世界的一切真理，不难求之无尽，用之无穷了。”陶行知说，这就达到了孟子所说的“自得”，也即现今教育家主张的“自动”：这才是真正的教育。[1] 这是深知、真知教育之言。“教书—教学生—教学生学”，这教育的三境界，是逐渐接近教育的本质、本职、本体、本味的过程，值得我们终身追求。

陶行知对合格的、真正的教师提出的另外两个要求也不可忽视：一是“教的法子必须根据学的法子”。陶行知再三告诫说，绝不能“只顾自己的意思去教学生”，勉强拿学生来凑自己的教法，这样不但“收效甚少”，而且“学生苦恼太多”。唯有心中有学生，根据学生的学习、接受情况，来考虑、设计自己的教法，才能做到“费力少而成功多”。二是“做先生的，应该一面教，一面学”，绝不能“贩卖些知识来，就可以终身贩卖不尽”，而应该“一方面指导学生，一方面研究学问”，这样，就能真正做到“教学相长”，每一次教学，都不会是“照样画葫芦”，而是不断有新的创造，从而获得“教育英才的快乐”。陶行知因此说了一句很有意思的话，是可以作为我们的座右铭的：“必定要学而不

1　陶行知：《教学合一》。

厌，然后才能诲人不倦。"[1]在"教学合一"的基础上，陶行知又加上了"教学做的合一"。他解释说，"做"是一个过程：首先是"行动"，又同时"思想"，最后必然产生出"新价值"；再用新价值去指导新行动、新思想，形成良性的互动。[2]他因此强调，"教学做是一件事，而不是三件事。我们要在做上教，做上学"，"先生拿做来教，乃是真教；学生拿做来学，方是真学"。[3]这里所突出的"做"即"行动"的意义，我们在下面将再作讨论。

"在劳力上劳心"，是陶行知教育思想中的第三个核心概念，实际上是讨论教育和"劳心者"与"劳力者"的关系。他尖锐地指出，中国的传统教育是"单教劳心者，不教劳力者"的，同时又教劳心者"只劳心而不劳力"，这就造成了劳心与劳力、劳心者与劳力者的隔离和对立。这样的教育，是完全服务于"劳心者治人，劳力者治于人"的等级制社会结构的。在这样的社会制度与教育制度下，就培养出了陶行知所说的"二

1 陶行知：《教学合一》。
2 陶行知：《教学做合一》。
3 同上。

呆子”:“读书而不做工”的“书呆子”和“做工而不读书”的“田呆子”,这就“形成了一个‘呆子’国家”。“书呆子”不能生产，成了社会国家的寄生虫;“田呆子”不能“自保其利益”，成了“他人横搜直刮”的对象，更谈不上“做国家的主人翁”了。在陶行知看来，这正是中国“危机四伏，存亡一缕”的原因所在。由此提出的，是教育的两大根本任务:“教劳心者劳力——教读书的人做工”和“教劳力者劳心——教做工的人读书”，[1] 从而实现脑力劳动与体力劳动、手与脑、身与心、体力劳动者与脑力劳动者的结合。这既促进了人的健全发展，更保证了社会的合理发展。这样的教育理想是极具魅力，令人向往的。

陶行知还讨论了“知”与“行”的关系，这是中国教育既古又新的命题。这是人们所熟知的陶行知的故事：他早年研究并信奉王阳明“即知即行”的道理，取名为“知行”; 后来，他对王阳明的思想有了反省，提出了“行是知之始，知是行之成”的新命题，是所谓

---

1 陶行知:《目前中国教育的两条路线》。

"即行即知"论，就又改名为"行知"。[1] 由"知行"到"行知"，显示的是对知识、理论与行动、实践关系认识的变化，强调"人类和个人最初都由行动而获得真知，故以行动始，以思考终；再以有思考之行动始，以更高一级融会贯通之思考终；再由此而跃入真理之高峰"。[2]

这背后的理念是："叫行动取得主导的地位。行动产生理论；行动发展理论。行动所产生发展的理论还是为着要指导行动。理论要通过行动才能发生它的力量，丰富它的内容。"[3] 陶行知的这些论述，很容易使我们联想起毛泽东《实践论》的有关论述。两者之间可能是存在某种关联的，它反映的是三四十年代的中国哲学、教育新思潮。如前面所讨论的，它针对的是将书本知识绝对化，将理论与实践分离、劳心与劳力分离的倾向，强调"实践第一性"是适应时代政治、思想、文化、教育发展的需要的，这对推动中国政治、思想、

1 陶行知：《行知行》。
2 陶行知：《育才二周年前夜》。
3 陶行知：《答复庶谦先生》。

文化、教育的改造与变革，无疑起到了积极的作用。而且如前文一再强调的，在畸形的智力教育即应试教育泛滥成灾的今天，陶行知对行动、实践，对生活的活知识的强调，都更是及时的提醒，这都是没有问题的。但同时也要看到，如果将行动、实践以及相应的实际生活经验、知识的实用性的作用强调到极端，过度贬抑书本知识，夸大知识分子的弱点，也会形成新的遮蔽，产生新的弊端。在这方面，我们也是有深刻的历史教训的。这也是一个提醒：陶行知的“生活即教育”“教学做合一”“劳心者劳力”“知行合一”的思想本身的意义与价值，都是不容置疑的；但如何理解与实行，掌握好教育与生活，教与学、做，劳力与劳心，知识与行动、实践的关系之间的分寸，防止从一个极端跳到另一个极端，也是需要认真思考与反复实验的。

最后，还要对陶行知“社会即教育”的思想，略作一点讨论。我们一开始就提到陶行知曾将他的教育思想的“中心问题”，归结为“如何使教育普及，如何使没有机会受到教育的人可以得到他们所需要的教育"。[1] 陶行知深知，在中国这样一个人口众多，幅员广大，政治、经济、文化情况极端复杂的国家里，要真正普及教育，就必须"跳出学校的圈套"，推动学校教育之外的社会教育。他的办法是把教育的"钥匙从少数人的手里拿出来交给大众"。他提出，要"对教师的观念起一个根本的改变"，不能把眼睛只盯着师范院校培养出来的老师和整个知识阶级，他们"不是教师的唯一源泉"；"小孩子最好的先生是前进的小孩。大众最好的先生是前进的大众。知识分子的使命在帮助前进的孩子和前进的大众取得现代知识以同化他们的伙伴。知识分子最多只可做小孩和大众的顾问，超过顾问的范围，就要损害他们的自动精神，即是做个顾问，知识分子也得跳进小孩和大众的队伍里去，与他们共患难同休戚，才够得上顾问的资格。"他算了一笔账：当时小学生有一千多万，识字大众有八千万，每人教两个人，合起来就有三万万。[2] 今天来看陶行

1　陶行知:《普及教育运动小史》。
2　陶行知:《文化细胞》,《攻破普及教育之难关》。

知的这一设想，或许有理想化的成分，但它的内在理念——强调受教育者（小孩与大众）同时也是教育者，全民教育要依靠全民来办——则自有其合理性和启发性。

而且陶行知还有具体的实验。这就是他所推动的“工学团”运动和“小先生”运动。前者试图“将工场、学校、社会打成一片”，把前进的有觉悟的工人、农民、学生组织起来，自动进行自我教育与社会教育，[1]这其实颇近似于今天的志愿者运动。而“小先生”运动更是发动小学生到学校之外去找“他的学生”，于是，“不识字的奶奶、妈妈、嫂嫂、姊姊、妹妹、爸爸、哥哥、弟弟，和隔壁邻居守牛、砍柴、拾煤球、扒狗屎的同胞”都成了“小先生”的“学生”。运动进行得如火如荼，吸引了广大的小学生。记得我所就读的南京师范大学附属小学，就是一所实验小学，直到一九四九年以后，我们还在办“小先生学校”，吸收流浪街头的孩子来上学，我还担任过校长，我的一个卖冰棍的学生，专门画了一幅画，送给“敬爱的钱老师”。我因此说自

1 陶行知：《攻破普及教育之难关》。

己的教师生涯是从当“小先生”开始的：这大概就是我和陶行知教育思想的一段渊源吧。陶行知把“小先生”运动的“优点”归结为几条：它是一种义务教育，“知识不再是买卖的商品”；它是小孩当老师，成人和儿童“一起学知识”，自身也变得“年轻起来”；“小先生”可以随便出入于一切场合、一些死角，使例如深闺里的妇女，也受到教育；通过教别人，孩子自己也会学得更多、更自觉，学校和社会的关系也因此变得密切起来。[1]我们前面提到，陶行知在推动乡村学校成为农村社会的中心时，就充分利用了农村学生当“小先生”的作用。在我看来，这一经验，今天也不失其意义：我们在提倡农村阅读时，也可以尝试引导学生把书带回家，和爸爸、妈妈、爷爷、奶奶一起读，以实现学校教育与农民教育的结合。

1　陶行知：《中国的大众教育运动》。

（三）

人们在关注与评价陶行知时，除了为他博大精深的教育思想所折服，更为他的人格与精神所吸引，称他为“当今一圣人”（董必武）。这是永远活在人们心目中的陶行知：他“一生光明磊落”（邓颖超），心怀“天马行空的理想”（茅盾），跳动着“赤子之心”（张劲夫），有“悲天悯人的胸怀，百折不挠的气概”（吴晗），“性情谦和，学识丰富，意志坚强，考虑周详，认识清楚，是极不可少的人才”（沈钧儒），他“不形于色，却力行不怠，沉毅踏实。许多人受他感动，就跟随他走。我简直要五体投地向他膜拜！”（梁漱溟）[1]

我们今天学习陶行知的论述，其中一个重要方面，就是要学习和继承他的精神与品格，也是要回答我们所面临的一个问题：作为一个教师或支教的志愿者，应该以怎样的精神去从事教育的改革与社会的改造？

我们应注意陶行知所说到的常见的三种教育家：

1　见叶良骏编撰《陶行知箴言》，第 277—285 页。

“一种是政客的教育家。他只会运动，把持，说官话；一种是书生的教育家，他只会读书，教书，做文章；一种是经验的教育家，他只会盲行，盲动，闷起头来，办……办……办。”——概括得真好，真准：今天的中国教育界不正充斥着这样的教育家、教师吗？我们每个人都可以以此为镜，看看自己属于哪一种类型？陶行知说：“第一种不必说了，第二、第三两种也不是最高的。”其实，在我们看来，在当下中国教育的环境下，能够做到第二、第三种就已经不错了，但却并不符合陶行知的理想，他要为我们树立一个更高的标杆：他呼唤“第四种教育家、教师”。他提出了两种“要素”，表示只要得到其中之一，就“可以算为第一流的人物”了——

（一）敢探未发明的新理。我们在教育界做事的人胆量太小，对于一切新知，大惊小怪。一举一动，不是乞灵古人，就是模仿外国。我们在教育界任事的人，如果想自立，想进步，就需胆量放大，将试验精神，向着那未发明的新理贯射过去。不怕辛苦，不怕疲倦，不怕障碍，不怕失败，一心要把那教育的奥妙新理，一个个地发现出来。这是何等的魄力，教育界有这等魄力的人，不愧受我们崇拜！

（二）敢入未开化的边疆。要晓得国家有一块未开化的土地，有一个未受教育的人民，都是由于我们没有尽到责任。责任明白了，就放大胆量，单身匹马，大刀阔斧，做个边疆教育的先锋，把那边疆的门户，一扇一扇的都给它打开。这又是何等的魄力！有这样魄力的人，也不愧受我们的崇拜。

敢探未发明的新理，即是创造精神；敢入未开化的边疆，即是开辟精神。创造时，目光要深；开辟时，目光要远。总起来，创造、开辟都要有胆量。[1]

我几乎是情不自禁地一字不漏地抄录陶行知的论

1　陶行知：《第一流的教育家》。

述，因为已经很少听到这样的高瞻远瞩、势如破竹的声音了，当下中国的教育界实在太沉闷，也太平庸，确实需要这样的登高一呼！

陶行知同时倡导“科学”与“试验”的精神。他强调“以严肃认真态度律己；以互助合作精神相待；以科学方法治事治学”[1]，主张“世界上一切困难都要用冷静的计划去克服”[2]。尤其引起我的共鸣的，是他的“从事社会改造的人，要远处着眼，近处着手”的思想。他所说的“从我们的最近的环境着手，逐渐的推广出去”，其实就是我们今天所说的“从改变自己和周围的存在做起，以之作为改变社会存在的开始”。陶行知并且主张从解决一个个具体的问题做起；他说：“我们倘能把种种问题用大刀阔斧来同时解决，岂不痛快！无如天下事没有这样容易，我们的精力也很有限，想要把一切问题同时解决，结果必定是一个问题也不能解决。倒不如按照自己的能力，看准一件具体的物事，会精

1 陶行知：《育才学校创造年计划大纲》。
2 陶行知：《投入大的社会里去》。

聚神地来干它一下。如果我们对于一件事肯得专心继续地努力去干，一定有解决的希望。一个人，一个时候，在一个地方，干一件事，是社会改造的不二法门。”[1]——这些话，说得多好。陶行知就是这样把前述“创造”与“开辟”的高远目标落实为“一个人，一个时候，在一个地方，干一件事”的具体可行的行动，把高瞻远瞩的气魄与脚踏实地的实干结合起来，这就是陶行知的风格。

这里还有陶行知的“韧性精神”。和鲁迅一样，陶行知也喜欢追问：一件事办好了“以后”会怎么样？他的回答是，“以后”还有新的问题，而且是“无穷尽”的：还有“无穷尽的事业，要我们继续不已地去办理它。无穷尽的问题要我们继续不已地去解决它”，所以做任何事情，都只是“前程万里的第一步”。[2]因此，就必须“有韧性战斗的精神”，做好“长期战斗”的准备。[3]用陶行知的话说，就是要“风雨无阻，行住不停，天天磨，

1 陶行知：《社会改造之出发点》。
2 陶行知：《我们对于新学制草案应持之态度》。
3 陶行知：《每天四问》。

月月磨。磨它五年十载，总会成功”。[1]陶行知因此提出：要“视阻力为当然、失败为难免，具百折不回之气概、再接再厉之精神”[2]；“不可过于急进，需要用委婉的精神，走到民众前头，慢慢地领着他们向前走”[3]；“与其把一切事业学问，挤在几年内匆匆忙忙、劳劳苦苦地做了，何如把他们匀在几十年——六七十年从从容容、舒舒服服地去干”[4]。——这都是积累了丰富的历史教训的经验之谈，具有丰厚的人生哲理，值得反复琢磨与认真吸取。

下面这些话，都是可以视为陶行知人格的写照，也可以作为我们的座右铭的——

> 我是一头狮子，在人们都睡着的时候，巍然雄视一切。为夜之主，有整个的宇宙待我整顿。[5]

1 陶行知：《学习外国文》。
2 陶行知：《试验主义与新教育》。
3 陶行知：《学生的精神》。
4 陶行知：《到庐山去》。
5 陶行知：《我现在是一只狮子》。

我们应在山穷水尽的时候，找出一条生路来。[1]

人生是患难和欢乐所织成。追求真理的人以与患难搏斗为乐。人生与患难有不解之缘，患难给有志者以战斗的情绪与战胜之智慧。[2]

最重要的时候，就是现在；最重要的人，就是你对面的人；最重要的事，就是待人好。[3]

2013年12月7—14日

1 陶行知：《山穷水尽》。
2 陶行知：《育才十字诀》。
3 陶行知：《三个问题》。

陶行知论教育（语录）

（一）中国性与平民性

1. 教育思想的中心、目标与基础

我的中国性与平民性是很丰富的。我的同事都说，我是一个“最中国的”留学生。经过一番觉悟，我就像黄河决了堤，向那中国的平民的路上奔流回来了。

——《创造一个四通八达的社会》

这十几年来，我有时提倡平民教育，有时提倡乡村教育，有时提倡劳苦大众的教育，不知道的人以为我见异思迁，欢喜翻新花样，其实我心中只有一个中心问题，这问题便是如何使教育普及，如何使没有机会受到教育的人可以得到他们所需要的教育。

——《普及教育运动小史》

教育的目的，在于尽力弥补正规学校的不足，努力发展本国自己的教育，而不是发展从历史背景和自然条件不同的外国引进的教育；努力发展为广大劳苦大众服务的教育，而不是发展只为少数特权阶级的教育；努力发展完整的生活教育，而不是发展畸形的智力教育。

——《中国的大众教育运动》

我们整个的理论，是以靠自己动手做工吃饭的真工人，和靠自己动手种田的真农民，和劳苦大众的小孩为基础的。

——《答复子钵先生之批评》

跟人民学，跟小孩学，虚心建立新教育。

——《跟人民与小孩学习》

2. 适合中国国情，为中国服务的教育

我们深信，一个国家的教育，无论在制度上、内容上、方法上，都应该遵照那个国家的需要和精神，

去谋适合，谋创造。

——《〈新教育评论〉创刊缘起》

只有透彻地研究自己的需要和问题，才能确有把握地制定出一套真正适合中国国情并为中国服务的教育制度……

在这之前，中国有点盲目地模仿外国。最初，为了学习新的，就抛弃了一切旧的。到现在，他已经逐渐认识到，旧的未必一定就坏，新的也并非一定就好。他对于一切新理论、新方法的反应不再是生搬硬套，而是先存疑、考察、实验，然后才加以选择。毫无疑问，这是理智的态度。这种态度在教育界的结果，自然就是新教育制度的诞生。这种新制度吸收了旧的和新的、国内和国外的办学精华，因而是非常适合于新中国需要的。

——《民国十三年中国教育状况》

以前的教育，都是像拉东洋车。自各国回来的留学生，都把他们在外国学来的教育制度拉到中国来，不问适合国情与否，只以为这是文明国里的时髦物品，都装在东洋车里拉过来，再硬灌在天真烂漫的儿童心坎里，这样儿童都给他弄得不死不活了，中国亦就给他做得奄奄一息了！我以前也是把外国教育制度拉到中国来的东洋车夫之一，不过我现在觉到这是害国害民的事，是万万做不得的。我们现在要在中国实际生活上面找问题，在此问题上，一面实行工作，一面极力谋改进和解决。本校全体指导员及同学，都是抱着这样一个目标，所以毅然决然地跑到这个荒僻的乡下来。我们认定必须这样，将来中国的新教育才能产生呢！

——《晓庄试验乡村师范学校创校概况》

依我看来，西洋文化能补充东方文化的地方有两点：一是运用科学改造天然环境，二是运用社会组织以谋充分之协作。中国人的通病就是没有组织力，人数越多，越散漫。俗语说“一个和尚挑水吃，两个和尚抬水吃，三个和尚买水吃”，就是描写这种不能协作之景况。我希望个个学校都能够得到这种精神，好为中国人造就能组织、能团结、能为共同幸福从事共同活动之新国民。倘使这些学校既能培养团体生活，又能运用科学知识以改造天然环境，征服天然势力，那么，他们岂不成为更切需要、更合理想的学校吗？

——《无锡小学之新生命》

3. 社会之大任即为济弱扶倾

共和主义，视人民为社会之主权。群之良窳，唯民是视。民苟愚劣，社会绝对不能兴盛。社会欲求兴盛，必负改良之责。故在共和主义之下，社会之大任即为济弱扶倾，而教其愚不肖，社会而已矣。强忽弱，则强者亦弱；强扶弱，则强者愈强。因社会集众人而成，多一分病子，即病一分。其健者苟不思所以治之，则蔓延之祸，可立而待，强者亦不能高枕卧矣。故共和主义以博爱为社会组织之大本，而以兄弟视其分子。既昆弟矣，斯平等，富贵者不特不许以财势骄人，且当用以扶其贫贱之兄弟。故灾害相恤，疾病相扶持，爱敬相交待，以日趋于进化，系社会唯一之天职，绝不容稍有放弃。个人为社会而生，社会为个人而立，实共和主义之两元也。

——《共和精义》

要用和平奋斗的精神来创造自由平等的世界，尊重人类的理性，教他们去济弱扶倾。

——《护校宣言》

4. 农民与乡村教育

（1）和农民同甘共苦

晓庄是从爱里产生出来的：因为他爱人类，所以他爱人类中最多数而最不幸之中华民族；因为他爱中华民族，所以他爱中华民族中最多数而最不幸之农人。

——《晓庄三岁敬告同志书》

我们充饥的油盐菜米面是从哪里来的？我们御寒的棉花丝绸是从哪里来的？我们安居的房屋所用的木石砖瓦是从哪里来的？是乡下人的血汗换来的。我们今生不应当花点钱，尽点心，用点力，为乡下同胞减少些痛苦，增加些幸福吗？

——《我们应当向谁拜年》

要想中国活起来，就得在农业上安根，在工商业上出头。这个问题很大，希望诸位注意这问题，细细加以研究。

——《如何教农民出头》

乡下阿斗没有出头之先，我们休想出头。乡下阿斗没有享福之先，我们休想享福。我们若是赶在农人前面去出头享福，只此一念，便是变相的土豪劣绅。与农人同甘苦，共休戚，才能得到光明，探出新路。

——《晓庄三岁敬告同志书》

我们要向着农民“烧心香”。我们心里要充满那农民的甘苦。我们要常常念着农民的痛苦，常常念着他们所想得到的幸福，我们必须有一个“农民甘苦化的心”才配为农民服务，才配担负乡村改造生活的新使命。

——《我们的信条》

诸位到乡下来，要定一个方针：完全为农人服务。每天每人自问：为农人服务了没有？自己做学问，和农人发生了关系没有？这里只有一个共同的目标，就是为农人服务。合乎这个目标，在这里过生活是有意思的；不合乎这个目标，不必勉强在这里。大家想一想：有没有讨厌农人或农人的孩子的心思？

做学问最要紧的是定目标，没有目标，自己觉得无聊。工学团为农人活，为农人死，和农人同甘苦，共休戚。什么是真农人？靠自己动手种田吃饭的人是农人，是真农人！

——《为农人服务的方针和做学问的方法》

现在农民最需要的是自立、自卫、自存。我们应当拿我们的思想来凑他们的实际，不要拿他们的前途来供我们的牺牲。农民是目的不是工具。我们是替农民指导正路的，不是要农民一味闭着眼，跟着我们走的。真正的农民合作或联合，要立在教育的农业和农业的教育上。

——《农民联合会》

智识分子下乡已经有了三个阶段。在第一个阶段里，他们个头儿大大的，抱着教人的态度来。在他们眼光里，乡下人就是乡愚，要等他们开化以后，才会有知识。可是他们下乡之后，麦苗与韭菜不能分别，棉与豆看作一样东西，经老农说明之后，他们才知道麦与韭、棉与豆究竟有什么不同。他们方才把自己的头儿缩小一些，再回过头来，始而把农人当作书读，继而和农人做朋友，终而拜农人做先生。在这个阶段里，智识分子是为着充实自己的知识而下乡。在第三个阶段里，智识分子下了乡，便成为农人队伍中之一分子，和农人共甘苦，同休戚，辅导农人和小孩子自己干。他们不再以“教农人”或“向农人请教”而自满。这个阶段里的特色是教农人联合起来自己救自己，教小孩联合起来自己救自己。

——《四十万人是参考书吗？》

（2）以乡村学校为改造乡村生活之中心

——乡村教育的根本改造之一

中国乡村教育走错了路！他教人离开乡下往城里跑，他教人吃饭不种稻，穿衣不种棉，做房子不造林；他教人羡慕奢华，看不起务农；他教人分利不生利；他教农夫子弟变成书呆子；他教富的变穷，穷的变得格外穷；他教强的变弱，弱的变得格外弱。前面是万丈悬崖，同志们务须把马勒住，另找生路！

生路是什么？就是建设适合乡村实际生活的活教育，我们要从乡村实际生活产生活的中心学校；从活的中心学校产生活的师范学校；从活的乡村师范学校产生活的乡村教师；从活的教师产生活的学生、活的国民。

——《再论中国乡村教育之根本改造》

中国乡村教育之所以没有实效，是因为教育与农业是各干各的，不相闻问。教育没有农业，便成为空洞的教育、分利的教育、消耗的教育。农业没有教育，便失了促进的媒介，倘有好的乡村学校，深知选种调肥、预防虫害等科学农业。做个中心机关，农业推广就有了根据地、大本营，一切进行，必有一日千里之势。所以第一要教育与农业携手！那最应当携手的虽是教育与农业，但要求其充分有效，教育更须与别的伟大事业携手。教育与银行充分联络，就可推翻重利；教育和科学机关充分联络，就可破除迷信；教育与卫生机关充分联络，就可以预防疾病；教育与道路工程机关充分联络，就可以改良路政。

总之，乡村学校是中国今日改造乡村之唯一可能的中心！他对于改造乡村生活的力量大小，要看他对于别方面势力努力联络的范围多少而定。乡村教育关系三万万六千人民之幸福！

活的乡村教育要用活的环境，不用死的书本。他要用环境里的活势力，去发展学生的活本领——征服自然、改造社会的活本领。他其实要叫学生在征服自然、改造社会上去运用环境的活势力，以培养他自己的活本领。活的乡村教育要教人生利，他要叫荒山成林，叫瘠地长五谷。他教人人都能自立、自治、自卫。它要教乡村变成西天乐园，村民都变为快乐的活神仙。

以后看学校的标准，不是校舍如何、设备如何，乃是学生生活力丰富不丰富。村中的荒地都开垦了吗？荒山都造成了林吗？村道已经四通八达了吗？村中人人都能自食其力了吗？村政已经成了村民自有、自治、自享的活动了吗？这种活的教育，不是教育界或任何团体单独办得成功的，我们要有一个大规模的联合，才能希望成功！

——《再论中国乡村教育之根本改造》

社会是个人结合所成的。改造了个人便改造了社会，改造了社会也便改造了个人。寻常人以为办学是一事，改造社会又是一事。他们说："办学已经够忙的了，还有余力去改造社会吗？"他们不知道学校办得得法便是改造社会，没有工夫改造社会就是没有工夫办学。办学和改造社会是一件事，不是两件事。改造社会而不从办学入手，便不能改造人的内心；不能改造人的内心，便不是彻骨的改造社会。反过来说，办学而不予包含社会改造的使命，便是没有目的，没有意义，没有生气。所以教育是社会的改造。

——《地方教育与乡村改造》

我们的新使命，是要征集一百万个同志，创设一百万所学校，改造一百万个乡村。我们以至诚之意，欢迎全国同胞一齐出来，加入这个运动！赞助它发展，督促它进行，一心一德地来为中国一百万个乡村创造一个新生命，叫中国一个个的乡村都有充分的新生命，合起来造成中华民国的伟大的新生命。

——《中国乡村教育之根本改造》

（3）创立乡村师范，培养乡村改造灵魂的教师

——乡村教育改造之二

教师是社会改造的领导者。在教师的手里操着幼年人的命运，便操着民族和人类的命运。

地方教育及乡村改造的成败，是靠着人才为转移。所以培养乡村师资是地方教育之先决问题，也是改造乡村的先决问题。不在培养人才上做功夫，一切都是空谈。

——《地方教育与乡村改造》

我们深信乡村学校应当作改造乡村生活的中心。

我们深信乡村教师应当作改造乡村生活的灵魂。

我们深信乡村教师必须有农夫的身手，科学的头脑，改造社会的精神。

我们深信乡村教师应当用科学的方法去征服自然，美术的观念去改造社会。

我们深信乡村教师要用最少的经费办理最好的教育。

——《我们的信条》

农村学校教师一方面教学生，一方面间接地教学生的家人，或者每星期每月邀他们来用种种的娱乐，如留声机一类东西，助他们的兴趣，渐渐地输入需要的知识。

——《教育改进社特约乡村教师研究会纪事》

中国的师范学校多半设在城里，对于农村儿童的需要苦于不能适应。城居的师范生平日娇养惯了，自然是不愿意到农村去的。就是乡下招来的师范生，经过几年的城市化，也不愿回乡服务了。所以师范学校虽多，乡村学校的教员依然缺乏。所以发起每个师范学校在乡间设立分校，以为造就乡村师资之所；每分校并设附属小学一所，以资乡村师范学生之实习。

我以为乡村师范学校负有训练乡村教师、改造乡村生活的使命。要充分运用乡村环境来做这种训练的工夫。我们要想每一个乡村师范毕业生将来能负改造一个乡村之责任，就须当他未毕业之前教他运用各种学识去做改造乡村之实习。这个实习的场所，就是眼面前的乡村，师范所在地的乡村。舍去眼面前的事业不干而高谈将来的事业，舍去实际生活不改而单在书本课程上做工夫，怕是没有多大成效的。我们不要以为把师范学校搬下乡去就变成了乡村师范学校。不能训练学生改造眼面前的乡村生活，绝不是真正的乡村师范学校。

——《师范教育下乡运动》

中国的农民，占85%，设立师范学校，宜顾全农家子弟。

——《关于师范教育的意见》

乡村师范必须将村治列入正课，使未来之乡村教师，都知道如何实行村治，但村治绝不是单凭书本可以学来的，我们必须有参加村治的机会，然后可以得到引导村治的本领。

——《为组织试验乡推行村治呈民政厅文》

5. 儿童与幼儿、小学教育

(1) 儿童是现在的小主人

在我的世界里，小孩和青年是最大，比什么伟人还大。

——《小孩青年比什么伟人还大》

大人们异口同声地说："儿童是未来的主人翁。"这句话是反映了一个传统的态度，表面上看去好像是一种期望，其实是一种变相的抹煞，抹煞了儿童的现在的资格。儿童是现在的小主人！我希望大家都承认这小主人的封号，并且不阻挠儿童实行主人的职权。

——《从今年的儿童节到明年的儿童节》

在小孩身上，施以一种科学教育，培养他们的科学兴趣，发展他们科学上的天才。必先造就了科学的小孩子，方才有科学的中国。

——《儿童科学教育》

要培养儿童参与未来民主政治之基础。

——《育才学校教育纲要草案》

要养成儿童之自我教育精神。他可以热烈地参加集团生活，又可以冷静地思考问题。每日给儿童相当时间，作为自由思索与自由活动的时间。

——《育才学校教育纲要草案》

束缚儿童的纯洁意志，摧残他们的蓬勃生机，桎梏他们的伟大生命；强制儿童的意志，使适合于自己的意志；蔑视儿童的力量，一切代之以自己的力量；使儿童没有自由，没有活力：这是一种罪恶，是一笔大至无可估计的损失。

——《第一届儿童节献词》

儿童是应该快乐的，而现在中国的儿童是非常的痛苦。成人的责任是应该把社会改造得好一点，使未成熟的儿童少吃点苦，多享点福。我们应该负起责任来，敲碎儿童的地狱，建立儿童的天堂。不够，我们应当引导儿童把地狱敲碎，让他们自己创造出天堂来。

要怎么样除苦造福?

第一，我们应当承认儿童的人权。儿童的人权从怀胎的时候开始。打胎虽然有法律禁止，但是社会上还是流行着。为着恐怕私生子为人轻视，便从源头上取消了儿童的生存权。也是因为贫穷而不能教养而出此残忍手段，使已得生命之胎儿不能见天日。

第二，我们应该了解儿童的能力需要。儿童有许多痛苦是由于父兄师长之不了解。不了解则有力无处用，有苦无处说。我们要知道儿童的能力需要，必须走进小孩的队伍里去体验而后才能为小孩除苦造福。我们必须重生为小孩，不失其为赤子之心，才能为儿童谋福利。

第三，承认了儿童的人权并了解儿童的能力需要，才有可能谈儿童福利，否则难免隔靴搔痒，劳而无功。

——《敲碎儿童的地狱，创造儿童的乐园》

我们教育儿童，第一步就要承认儿童是活的，要按照儿童的心理进行。比方，儿童性爱合群，有时他一个人住在那地方，觉得有点寂寞的样子，在那儿发闷！我们就要找个别的小孩子同他在一块儿玩玩，普通儿童之特性，大多富有好奇心。我们给他一块表，他必定把它翻来覆去地仔细观看，他并且还要探知里面的秘密，就打破砂锅问到底。

还有一件事最要紧的，就是：我们教育儿童，就要根据儿童的需要的力量为转移。有的儿童天资很高，他的需要力就大些；有的儿童天资很钝，他的需要力就小些，学校教育儿童，不能下死规强迫一律，拉得一样。

儿童不但有需要，并且还有能力。他们的能力亦各有不同。有因年龄不同的，有因环境不同的，有因天性不同的。我们教育儿童，就要顺导其能力去做去。小孩子的能力知识，没有一天不在进行中求活。我们就要顺着他这种天然的特性，加以相当的辅导和引导，使他一天进步似一天。

——《活的教育》

解放儿童的创造力。

（一）解放小孩子的头脑，从迷信、成见、曲解、幻想中解放出来。

（二）解放小孩子的双手。中国对于小孩子一直是不许动手，动手要打手心，往往因此摧残了儿童的创造力。

（三）解放小孩子的嘴。小孩子有问题要准许他们问，从问题的解答里，可以增进他们的知识。孔子过太庙，每事问。我从前写过一首诗，是发挥这个道理：“发明千千万，起点是一问。禽兽不如人，过在不会问。智者问得巧，愚者问得笨。人力胜天工，只在每事问。”

小孩子得到言论自由，特别是问的自由，才能充分发挥他们的创造力。

（四）解放小孩子的空间。从前的学校完全是一只鸟笼，改良的学校是放大的鸟笼。我们要解放小孩子的空间，让他们去接触大自然中的花草、树木、青山、绿水、日月、星辰以及大社会中之士、农、工、商，三教九流；自由地对宇宙发问，与万物为友，并且向中外古今三百六十行学习。创造需要广博的基础。解放了的空间，才能搜集丰富的资料，扩大认识的眼界，以发挥其内在之创造力。

（五）解放儿童的时间。我个人反对过分的考试制度的存在。一般学校把儿童全部时间占据，使儿童失去学习人生的机会，养成无意创造的倾向，到成人时，即有时间，也不知道怎样下手去发挥他的创造力了。创造的儿童教育，首先要为儿童争取时间之解放。

——《创造的儿童教育》

有些传统的学校，名为认真，实际是其坏无比。他们把无所谓的功课排得满满的，把时间挤得滴水不漏，使得学生对于民族前途和别的大问题一点儿也不能想，再也没有一定空闲去传达文化，唤起大众。这是亡国教育。

——《文化解放》

还有一位最伟大的先生要介绍，那就是小孩子——我们所教的小学生。我们要向小孩子学习，不愿向小孩子学习的人，不配做小孩的先生。一个人不懂小孩的心理、小孩的问题、小孩的困难、小孩的愿望、小孩的脾气，如何能教小孩？如何能知道小孩的力量，而让他们发挥出小小的创造力？

唯独肯拜人民与小孩为老师的人，才能把自己造成民主的老师，民主作风才自然而然地获得了。

——《小学教师与民主运动》

人人都说小孩小，谁知人小心不小。你若小看小孩子，便比小孩还要小。

未来的先生们！忘了你们的年纪，变个十足的小孩子，加入在小孩子的队伍里去吧！你若变成小孩子，便有惊人的奇迹出现：师生立刻变为朋友，学校立刻成为乐园；您立刻觉得是和小孩子一般儿大，一块儿玩，一块儿做工，谁也不觉得您是先生。您立刻发现小孩子的能力大得很：他能做许多您不能做的事，也能做许多您认为他不能做的事。等到您重新生为一个小孩子时，您会发现别的小孩子是和从前所想的小孩子不同了。

我们必得会变成小孩子，才配做小孩子的先生。

——《师范生的第二变——变个小孩子》

我们要打破这个大人的世界，打破大人所造成的谣言的世界、恐怖的世界、享福的世界、书呆的世界、惨酷的世界、奴隶的世界。

在大人世界的遗迹之上，我们要创造儿童的世界。儿童的世界里，只有真话没有谣言；只有理智没有恐怖；只有创业没有享福；只有公道没有惨酷；只有用的书没有读的书，只有人——即有人中人，没有人上人，没有人下人，没有奴隶。

这个儿童世界不是由大人们造好之后，现现成成地交给小孩子去享受的。大人代儿童造的世界必是于儿童有害的。儿童的世界是要由儿童自己去创造的。我们要停止一切束缚，使儿童可以自由活动，这儿童的世界，才有出现的可能。所以我们最重要的工作在解放儿童的头脑与双手；儿童的手脑一经解放，这新的儿童世界自然会应运而来了。

——《儿童的世界》

儿童要什么？我从前认为他们需要爱。我也曾经给过他们一些神秘的爱。我现在知道他们不需要这种扭曲的爱。爱的教育是不能兑现的。爱的教育容易捧，容易哄，溺爱是有害的，把小孩拉住使他们不能向前跑。小孩所需要的不是爱，而是了解。下面是我的《儿童年献歌》，发挥这了解儿童的意义："弄咚一弄咚，今年属儿童，不要你哄，不要你捧，只要你懂——懂得我们还是小儿童，不要教成小老翁。"我们要懂得儿童，这是父母先生顶大的责任。

——《谈谈儿童节》

我们对于儿童有两种极端的心理，都于儿童有害。一是忽视，二是期望太切。忽视则任其像茅草样自生自灭，期望太切不免揠苗助长，反而促其夭折。

——《敲碎儿童的地狱，创造儿童的乐园》

教育的任务除了积极发扬每个儿童固有的优点而外，正是要根据事实，肯定他们的错误，从而改正他们的错误。

——《儿童教育的任务》

难管的孩子多半不是劣童也不是真正的坏蛋。仔细考虑他所以难管的原因，在源头上予以解决。体力充足，无法发泄的，有时捣乱，可多给他一些机会劳动或干体育游戏。先生也得检讨自己的功课教法，是否合乎学生需要的程度。即使是真正的坏蛋，开除出去，更要变坏，倒不如运用团体制裁，以纠正其过失。

——《儿童保育问题》

（2）幼儿、小学教育：建国之根本

教人要从小教起。幼儿比如幼苗，必须培育得宜，方能发荣滋长，否则幼年受了损伤，即使不夭折，也难成才。所以小学教育是建国之根本，幼稚教育尤为

根本之根本。

——《如何使幼稚教育普及》

一个小学生的好坏，关系全村之兴衰。国家设立小学，是造就国民以谋全民幸福。因此，全民族的命运都操在小学教员手里。小学教师的好坏，简直可以影响到国家的存亡和世运之治乱。

——《介绍一件大事》

小学教育应培养手脑双全、志愿自立立人的儿童。其目标如下：（1）康健的体力；（2）劳动的身手；（3）科学的头脑；（4）艺术的兴趣；（5）团体自治的精神。

——《小学目标案》

人格教育端赖六岁以前之培养。凡人生之态度、习惯、倾向，皆可在幼稚时代立一适当基础。

——《幼稚园应有之改革及进行方法》

做父母的对于子女的教育应有一致的措施。中国家庭教育素主刚柔并济，父亲往往失之过严，母亲往往失之过宽。父母所用的方法是不一致的。虽然有时相成，但流弊未免过大。因为父母所施之方法宽严不同，子女竟至无所适从，不能了解事理之当然。并且方法过严则易失子女之爱心，过宽则易失子女之敬意。这都是父母主张不一致的弊病。陈著（按，指著名儿童教育专家陈鹤琴）此书所述各种教育方法，或宽或严，都以事体的性质为依据，不以施教育的人为转移。他和他的夫人对于一鸣的教育，就是往这条路去走的。我们看他教一鸣觉得他是个母亲化的父亲，姊姊化的父亲，但他从没有失掉父亲的本色。

——《陈著之〈家庭教育〉——愿与天下父母共读之》

现在国内的幼稚园害了三种大病。一是外国病。试参观今日所谓之幼稚园，耳目所接，哪样不是外国货？他们弹的是外国钢琴，唱的是外国歌，讲的是外国故事，玩儿的是外国玩具，甚至于吃的是外国点心。中国的幼稚园几乎成了外国货的贩卖场，先生做了外国货的贩子，可怜的儿童居然做了外国货的主顾。二是花钱病。既然样样仰给于外国，自然费钱很多；费钱既多，自然不易推广。三是富贵病。多花钱，学费于是不得不高，只有富贵子弟可以享受他的幸福。所以幼稚园只是富贵人家的专用品，平民是没有份的。

我们现在所要创办的乡村幼稚园，就要改革这三种弊病。我们下了决心，要把外国的幼稚园化成中国的幼稚园；把费钱的幼稚园化成省钱的幼稚园；把富贵的幼稚园化成平民的幼稚园。

打破外国偶像是省钱的第一个办法。我们的第二个办法就是训练本乡师资教导本乡儿童。一村之中必有一二天资聪敏、同情富厚之妇女。我们就希望她们经过相当训练以后，出来担任乡村幼稚园的教师。

幼稚园花钱既省，取费自廉，平民的儿童当能享受机会均等。教师取之乡间，与村儿生活气息相投，自易亲近。这两件事都可以叫幼稚园向平民方面行走。

——《创设乡村幼稚园宣言书》

最需要幼稚园的地方是什么？最欢迎幼稚园的地方是什么？幼稚园应当到而没有到的是什么地方？幼稚园还有什么新大陆可以发现？

（一）女工区域是需要幼稚园的。妇女上工厂做工，小孩子留在家里，无人照应，最感痛苦。若带在身边，那么工厂里的特殊紧张的环境，便要阻碍儿童的发育。倘使工厂附近有相当之幼稚园，必能增进儿童之幸福而减少为母者精神上之痛苦。

（二）农村也是需要幼稚园的。农忙的时候，田家妇女们忙个不了，小孩子跟前跟后，真是麻烦。哥哥姊姊也要帮忙操作，无暇陪伴弟妹玩耍，所以农忙一到，乡村小孩子就要缺乏照料。倘使农村有了幼稚园，就能给这些小孩子一种相当的教育，并能给农民一种最切要的帮助。

幼稚园的下乡运动和进厂运动必须开始，实无疑义。

——《幼稚园之新大陆——工厂与农村》

乡村幼稚园，是乡村社会普遍的永久的需求。

乡村小学教师办小学，夫人办幼稚园，便可造成夫妻学校，减少乡村教师之寂寞，树立乡村家庭之模范。

乡村幼稚园倘能推广，便可为乡村受过教育的妇女，开一职业上的出路。

乡村幼稚园是乡村妇女运动之唯一的中心，要想彻底去干乡村妇女运动，非从乡村幼稚园入手便不能成功。

——《推广乡村幼稚园案》

儿童的康健比什么事都要紧，幼稚园教师倘没有受过严谨的卫生训练，则幼稚园恐怕要变成传染疾病的中心。我希望大家把儿童康健当作幼稚园里面第一重要的事情。幼稚园教师应当作康健之神。

——《幼稚园之新大陆——工厂与农村》

6. 最核心的是教育的民主性

(1) 争取教育的平等权利

我们中国人民所要拼命争取的，在几种主要权利之中，有一种便是“教育权”。这个受教育的权利是要有事实的保证。

一、教育既然是人民应享之权利，那么，这种教育当然是人民生活所必需。倘使不是人民生活所必需，那就不能成为人民所应享的权利。因此，教育本身应起质的变化，才能当作人民的权利看待。

二、教育若想做到为人民所必需，就必得为人民增进幸福减少痛苦而不再是少数掌握特权者统治人民、麻醉人民、欺骗人民、压迫人民之工具。

三、教育既是为人民本身增进幸福减少痛苦之工具，那么，教育如果不普及，人民自必起来要求而不必依靠外力之强迫；政府也只须看准这个要求，预为供给，用不着强迫，教育自能普及。

——《苏联宪法草案中之公民权》

教育为公以达到天下为公。全民教育以实现全民政治。我们要求教育机会均等。对人说，无论男、女、老、少、贫、富、阶级、信仰；以地方说，无论远近城乡都应有同等机会享受教育之权利。

——《民主教育》

真平等是大家在立脚点上平等。你的足站在什么地方，我的足亦站在什么地方。大家在政治上站得一样平，经济上也要平。

近年我替友人书了一联，联道："在立脚点谋平等；于出头处求自由。"

——《平等与自由》

创造的民主是动员全体的创造力，使每个人的创造力得到均等的机会。

——《全民教育》

(2) 推动民主教育

民主教育是教人做主人，做自己的主人，做国家的主人，做世界的主人。把林肯总统的话引申到教育方面来说，民主教育是民有、民治、民享之教育。说得通俗些，民主教育是人民的教育，人民办的教育，为人民自己的幸福而办的教育。

——《民主教育》

民主教育一方面是教人发展民主，在反民主的时代或是民主不够的时代，民主教育的任务是教人争取民主，在政治上走上民主之路。民主教育的任务是配合整个国家之创造计划，教人依着民主的原则，发挥各人及集体的创造力，以为全民造幸福。

——《民主教育之普及》

民主政治下的教育。

师生之间没有隔阂。

使学生打开眼睛看事实。

关于政治社会经济问题，学生有阅读自由、讨论自由、批评自由。

学校内团体生活，要有民主的组织使学生在民主生活中学习更进步之民主。

动员广大民众，在真正民主的组织生活中学习真正的民主。

——《青年教育与思想问题》

大学里最重要的原则是学术自由。学术自由只是追求真理的自由。如果追求真理的自由都没有，根本就不能产生学术。

——《宪政运动与国民教育》

如果我是一个小孩，我不要恐怖，我不要饿肚，我要玩得高兴，我要有机会长进。

——《儿童四大自由》

解放时间，把人民和小孩从劳碌中解放出来，使大家有点空闲，想想问题，谈谈国事，看看书，干点对老百姓有益的事，还要有空玩玩，才算有点做人的味道。

——《民主教育》

中国要到什么时候才能翻身？要等到人命贵于财富，人命贵于机器，人命贵于安乐，人命贵于名誉，人命贵于权位，人命贵于一切。只有等到那时中国才站得起来！

——《中国人的命》

我们要各尽其能，各学所需，各教所知，各得其所。我们要自由、自勉、自强。我们要民有、民治、民享。

——《社会大学颂》

有人说：人民不会民主，不可给他民主。也有人说：人民不会自由，不可给他自由。这等于说：张三不会游泳，不可让他下水；也等于说：李四不会骑马，不可让他上马。

——《民主》

过民主生活以学民主。民主不仅是治疗中国疾病的盘尼西林，而且也是输血，使中国人民有新的活力，去创造一个较好的社会。

——《全民教育》

在中国几乎每一个有权的人是一个独裁。有大权的是大独裁，有小权的是小独裁。就是我这个区区的校长也不是例外，常常不知不觉地独断独行，违反了民主的精神。一经别人提醒，才恍然大悟。但江山易改，本性难移，过不了多少时候，病又复发了。那只有再接再厉地多方想法以克服这与民主精神不相容的作风。

民主是一种生活方式。我们对于民主的生活还不习惯。我们必须在民主的新生活中学习民主，不但老百姓要学习民主，大大小小的领袖们都得学习民主。他们虽然受过教育，但是没有受过民主教育，所以还要再受教育，再受民主教育。

——《领导者再教育》

自由平等所在，即责任所在。天下没有无责任之自由平等。

——《共和精义》

民主也不是绝对的自由。民主有民主的纪律。民主的纪律是自觉的、集体的，不但要人服从纪律，还要人懂得为什么。

——《实施民主教育的提纲》

民德最高尚：觉悟、联合、解放、创造，把世界重新创造，照着老百姓的公意创造。

——《新闻大学》

（二）生活教育

我们创办晓庄学校的目的，当初在于知识分子和农民的接触和结合，可是后来这两者的关系发生了很大变化。根据我们的道路可以这样说：（一）生活即是教育，发展到（二）教学做合一；然后更发展到（三）社会即学校。

——《教育生活漫忆》

1. 吃人的教育与教人活的教育

传统教育，是吃人的教育；生活教育，是打倒吃人的教育。

传统教育怎么是吃人的教育呢？他有两种吃法。

（一）教学生自己吃自己。他教学生读死书、死读书；他消灭学生的生活力、创造力；他不教学生动手、用脑。在课堂里，只许听老师讲，不许问。好一点的，在课堂里允许问了，但不许他到大社会里、大自然界里去活动。从小学到大学，十六年的教育一受下来，便等于一个吸了鸦片烟的烟虫：肩不能挑，手不能提，面黄肌瘦，弱不禁风。再加以要经过那些月考、学期考、毕业考、会考、升学考等考试，到了一个人大学毕业出来，足也瘫了，手也瘫了，脑子也用坏了，身体的健康也没有了，大学毕业，就进棺材。这叫作读书死，这就是教学生自己吃自己。

（二）教学生吃别人。传统教育，他教人劳心而不劳力，他不教劳力者劳心。他更说："劳心者治人，劳力者治于人。"说得更明白一点，他就是教人升官发财。发谁的财呢？就是发农人、工人的财。因为只有农人、工人才是最大多数的生产者。他们吃农人、工人的血汗。生产品使农人、工人自己不够吃，就叫作吃人的教育。

生活教育与传统教育则刚相反。

（一）他不教学生自己吃自己。他要教做人，他要教人生活。健康是生活的出发点，他第一就注重健康。他反对杀人的各种考试，他只要创造的考试，也就是他不教人赶考赶人死。简单地说来，他是教人读活书、活读书、读书活。

（二）他也不教学生吃别人。他不教人升官发财，他只教中国的民众自己起来做主人，做自己的主人，做政府的主人，做机器的主人。他教人要在劳力上劳心，即使有人出来做官，他也是要来服侍农人和工人的。看看有吃农人或工人的人，他要帮助农人、工人把他干掉。做官并不坏，但只要能够服侍农人、工人就是好的。他更要教人做到"工以养生，学以明生，团以保生"。说得更清楚些是：教大众以大众的工作养活大众的生命；以大众的科学明了大众的生命；以大众的团体的力量保证大众的生命。

——《传统教育与生活教育有什么区别》

为什么要主张"生活即教育"，反对"教育即生活"？

教育可以是书本的，与生活隔绝的，其力量极小。拿全部生活去做教育的对象，然后教育的力量才能伟大，方不至于褊狭。我们要拿好的生活去改造不好的生活，拿整个的生活去解放褊狭的生活。

“教育即生活”是拿教育做生活。好教育固然是好生活，八股的教育也就造成八股的生活。“生活即教育”，根本上可以免除这种毛病，虽然他的流弊也有拿坏生活做教育的。但就教育立场说，其效力仍是极大的。

“生活即教育”，教育极其广阔自由，如同一只鸟放在林子里面的；“教育即生活”，将教育与生活关在学校大门里，如同一只鸟关在笼子里。

“生活即教育”，是承认一切非正式的东西都在教育范围以内，这是极有力量的。譬如与农民做朋友，是极好的教育，平常都被摒弃在课程以外。其他有效力的东西，也是如此。当然，生活中一部分是有目的的，就是有目的的教育；一部分是合理的，就是合理的教育。

“生活即教育”，是叫教育从书本到人生的，从狭隘的到广阔的，从字面的到手脑相长的，从耳目的到身心全顾的。

——《生活即教育》

我国教育上的最大缺点，是教育与社会不求配合。学校所教，社会不得其用。因之，学生一离开死的学校，踏入活的社会，便茫然无所措手足，一无所能。教育的成绩，只是养成一些博士学士，做政客官僚的候补者，充其量亦不过养成一班记定理背死书的书痴。

——《敬告中小学教师》

中国传统教育界是展开了许多幕的滑稽的悲剧。

学生是学会考，教员是教人会考。学校是变了会考筹备处。会考所要的必须教；会考所不要的，不必教，甚而至于必不教。所有好教的只是书，只是考的书，只是《会考指南》！教育等于读书；读书等于赶考。赶了一考又一考。几个考赶下来，是会把肉赶跑了，把血色赶跑了，甚至有些把性命赶跑了，把有意义的人生赶跑了，是把中华民族的前途赶跑了。

奇怪得很！这样大规模的消灭民族生存力的教育行政不是出于信仰而是出于敷衍，恐怖不是出于理性而是出于武断。我所接谈过的主考官没有一个相信会考。他们是不信会考而会考。

我们现在的要求是：停止那毁灭生活力之文字的会考；发动那培养生活力之创造的考试。

——《杀人的会考与创造的考成》

守知奴：他把知识占为私有。他把知识当作传家宝。他把知识当作古董藏着。他把知识当作商品卖。他把知识当作神秘的符而自做教主。他把知识变成愚民的工具而自做国王或军师。于是您要想得到知识，必得做他的儿子（女儿还不行），做他的信徒。

守知奴是个怪物而大家不以为怪，那才是一件可怪的事。大家不想收服他们，反而恭敬他们、羡慕他们，不惜费尽大众血汗钱，大批地一群一群地栽培他们，那是更加奇怪了。

——《从守财奴到守知奴》

2. 生活是教育的中心

生活是教育的中心。教育应当培植生活力。

——《再论中国乡村教育之根本改造》

（1）用生活来进行活的教育

生活教育是给生活以教育，用生活来教育，为生活向前向上的需要而教育。生活决定教育。教育要通过生活才能发出力量而成为真正的教育。

——《谈生活教育》

拿活的东西去教活的学生，不但能引起他活泼的精神，并且还可以引起他的快乐。我们讲活的教育，就是要随时随地拿些活的东西去教那些活的学生，养成活的人才。

要拿活的书籍，去教小孩子。书籍也有死的有活的。怎样是活的书籍？我觉得书籍所记载的，无非是人的思想与经验。那个人的思想、经验，要是很高尚的，与人生很有关系的，那就可算是活的书籍。若是那著书的人思想、经验都没有什么价值，与人生没有关系，那就是死的书籍。我们教授小孩子，对于书籍的死活，就不能不慎重。

——《活的教育》

活书是活的知识之宝库。活的人、活的问题、活的文化、活的武功、活的世界、活的宇宙、活的变化，都是活的知识之宝库，便都是活的书，活的书只可以活用而不可以死读。

——《新旧时代之学生》

（2）为生活需要而教育

文化是人类创造出来的，文化是生活的工具，就是满足我们生活的需要。

——《生活即教育》

好的教育是引人向上向前生活之力量，它是民族解放的工具，也是人类解放的工具。教育为着要引人向上向前过生活，它的本身便必须是向上向前的生活。

——《桂林战时民众教育工作人员须知》

生活教育是供给人生需要的教育，不是作假的教育。人生需要什么，我们就教什么。

——《生活即教育》

（3）要想受什么教育，便须过什么生活

怎样才是教人学做主人呢？过主人的生活，就是主人的教育。倘若嘴里读的是主人的书，耳朵里听的是做主人的话，而所过的是奴隶的生活，在传统教育的目光看来，或可算是主人的教育。但依生活教育的观点看来，则断断乎要称奴隶的教育，或是假的主人教育。

——《护校宣言》

生活即教育。

是康健的生活，就是康健的教育；是不康健的生活，就是不康健的教育；

是劳动的生活，就是劳动的教育；是不劳动的生活，就是不劳动的教育；

是科学的生活，就是科学的教育；是不科学的生活，就是不科学的教育；

是艺术的生活，就是艺术的教育；是不艺术的生活，就是不艺术的教育；

是改造社会的生活，就是改造社会的教育；是不改造社会的生活，就是不改造社会的教育。

是有计划的生活，就是有计划的教育；是没有计划的生活，就是没有计划的教育。

——《生活即教育》

(4) 通过改造生活发出教育的力量

这种学校是与自然生活、社会生活联为一气的。他能适应环境的生活，也能改造环境的生活。

学校必须给学生一种生活力，使他们可以单独或共同去征服自然、改造社会。

——《中国师范教育论》

我们研究学问非只为增加一点个人的幸福，目的总是要改造社会。虽改造社会要从远处着眼，但亦要从近处着手。大学校内的人，虽目的是要改造大社会，然对学校以内与学校附近的社会，最宜先加以改造。

——《长江流域平民教育运动之性质、组织及方法》

我们要大学培养出与国计民生有关系的学者领袖，不要大学培养避世的隐士、出世的僧尼、不知世事的书呆子。我们要学生认识人民、人民认识学生。我们要到民间去的学生，不要到天上去的学生。学问之道无他，改造环境而已。不能把坏的环境变好，好的环境变得更好，即使读百万卷书，有何益处？

——《驳特定学区议》

新时代的学生要用活书去生产，用活书去实验，用活书去建设，用活书去革命，用活书去树立一个比现在可爱可敬的社会。

——《新旧时代之学生》

孩子们都从老百姓中来，他们还是要回到老百姓中去，以他们学得的东西，贡献给老百姓，给老百姓造福利。

——《育才学校创办旨趣》

为着过有意义的生活，我们的生活力，是必然地冲开校门、冲开村门、冲开城门、冲开国门，冲开无论什么自私自利的人所造的铁门。整个世界才是我们真正的学校咧。

——《生活教育之特质》

（5）学校应是小社会、小共和国

学校是小的社会，社会是大的学校。所以要使学校成为一个小共和国，须把社会上的事，拣选主要的，一件一件地举行起来。本要使学生在校内是一个人，在校外又是一个人。要使他造成共和国民的根基，须在此练习。对于身体方面、道德方面、政治方面，凡国民所不可不晓得的，都要使他晓得，那学校便成了具体而微的社会了。我们学校的弊病，在与社会相隔绝。

——《新教育》

今日的学生，都是将来的公民；将来所需要的公民，即今日所应当养成的学生。专制国所需的公民，是要他们有被治的习惯；共和国所需的公民，是要他们有共同自治的能力，想要有能够共同自治的公民，必先有能够共同自治的学生。

如何可以养成这般公民学生？从学习的原则看起来，事怎样做，就须怎样学。譬如游泳，要在水里游；学游泳，就须在水里学。若不下水，只管在岸上读游泳的书籍，做游泳的动作，纵然学了一世，到了下水的时候，还是要沉下去的。共和国要有能自治的国民，也须使做国民的时时练习自治的道理，久而久之，习惯成自然，他们也就能够自治了。

学生自治是什么？有三个要点。第一，学生指全校的同学，有团体的意思；第二，自治指直接管理自己，有自己立法、执法、司法的意思；第三，学生自治与别的自治稍有不同，因为学生还在求学阶段，就有一种练习自治的意思。把这三点合起来，我们可以下一个定义："学生自治是学生结起团体来，大家学习自己管理自己的手续。"从学校这方面说，就是"为学生预备种种机会，使学生能够大家组织起来，养成他们自己管理自己的能力"。依这个定义说来，学生自治，不是自由行动，乃是共同治理；不是打消规则，乃是大家立法守法；不是放任，不是和学校宣布独立，乃是练习自治的道理。

在自治上，他们可以养成几种主要习惯。一是对于公共幸福，可以养成主动的兴味；对于公共事业，可以养成担负的能力；对于公共是非，可以养成明了的判断。简单些说，自治可以养成我们对于公共事情上的愿力、智力、才力。照这样看来，学生自治，若办得妥当，可算是实验的修身、实验的伦理，全校就是修身伦理的实验室。

在这共和国的学校当中，无论任何人都不应该采取那武断的、强迫的、命令的、独行的态度。我们叫人做事的时候，不但要和他说“你做这件事，你应该这样做”，并且要使他明白“为何做这件事，为何这样做”。彼此明白事之当然，和事之所以然，才能同心同德，通达那共同的目的。

自治是一种人生的美术。凡美术都有使人欣赏爱慕的能力；那不能使人欣赏的、爱慕的，便不是真美术，也就不是真的学生自治。所以学生自治，必须办到一个地位，使凡参与和旁观的人，都觉得它宝贵，都不得不欣赏它，爱慕它。办到这个地位，才算是高尚的人生美术，才算是真正的学生自治。

——《学生自治问题之研究》

（三）教学做合一

教学方法：注重教学做合一，在劳力上劳心，理论与实践并重。

——《育才学校节略》

1. 教学做合一

教学要合一，有三个理由。

第一，先生的责任不在教，而在教学，而在教学生学。大凡世界上的先生可分三种。第一种只会教书，只会拿一本书要儿童来读它、记它，把那活泼的小孩子做个书架子、字纸篓。先生好像是书架子、字纸篓之制造家，学校好像是书架子、字纸篓的制造厂。第二种先生不是教书，而是教学生，他把注意的中心点，从书本移到学生身上来了。凡是学生需要的，他都拿来给他们。这种办法固然比第一种好得多，但学生还是在被动的地位。因为先生不能一生一世跟着学生。世界上新理无穷，先生安能尽把天地间的奥妙为学生一齐发明？先生所能给学生的，是有限的，其余还是要学生自己找出来的。我以为好的先生不是教书，不是教学生，乃是教学生学，就是把教与学联络起来：一方面要先生负指导的责任，一方面要学生负学习的责任。对于一个问题，不是要先生拿现成的解决方法传授学生，乃是要把这个解决方法如何找来的手续程序，安排停当，指导他，使他以最短的时间，经过相类的经验，发生相联的理想，自己将这个方法找出来，并且能够利用这种经验理想来找别的方法，解决别的问题。得了这种经验理想，然后学生才能探知识的本源，求知识的归宿，对于世界的一切真理，不难求之无尽，用之无穷了。这就是孟子所说的“自得”，也就是现今教育家所主张的“自动”。所以要想学生自得自动，必先有教学生学的先生。

第一，教的法子必须根据于学的法子。从前的先生，只管顾自己的意思去教学生；凡是学生的才能兴味一概不顾，专门勉强拿学生来凑他的教法，配他的教材。一来先生收效很少，二来学生苦恼太多，这都是教学不合一的流弊。如果让教的法子，自然根据学的法子，那时先生就费力少而成功多，学生一方面也就能够乐学了。所以怎样学就怎样教；学得多教得多，学得少教得少；学得快教得快，学得慢教得慢。

第二，做先生的，应该一面教，一面学，并不是贩卖知识来，就可以终身贩卖不尽，现在教育界的通病，就是各人拿从前所学的抄袭过来，传给学生。先生既没有进步，学生就难有进步了，这也是教学分离的流弊。好的先生就不是这样，他必定是一方面指导学生，一方面研究学问。学术发达，大半靠着这教学相长的精神。必定要学而不厌，然后才能诲人不倦；否则年年照样画葫芦，我却觉得会十分地枯燥，所以要想得教育英才的快乐，首先要把教学合一。

——《教学合一》

我们现在专讲“学”和“做”两个字，要一面学，一面做。“学”和“做”要连起来。我们要应用学理来指导生活，同时再以生活来印证学理。

——《学做一个人》

教学做是一件事，不是三件事。我们要在做上教，在做上学。在做上教的是先生，在做上学的是学生。从先生对学生的关系说，做便是教；从学生对先生的关系说，做便是学。先生拿做来教，乃是真教；学生拿做来学，方是实学。不在做上用工夫，教固不成教，学也不成学。教学做是合一的。因为一个活动对事说是做，对己说是学，面对人说是教。比如种田这件事是要在田里做的，便须在田里学。关于种稻的讲解不是为讲解而讲解，乃是为种稻而讲解；关于种稻而看书，不是为看书而看书，乃是为种稻而看书。我们不能说，种稻是做，看书是学，讲解是教。为种稻而讲解，讲解也是做；为种稻而读书，读书也是做。这是种稻的教学做合一，一切生活的教学做都要如此，方为一贯。做是学的中心，也就是教的中心。

——《教学做合一》

“做”含有下列三种特征：（一）行动；（二）思想；（三）新价值之产生。一面行，一面想，必然产生新价值。做是发明，是创造，是实验，是建设，是生产，是破坏，是奋斗，是探寻出路。

——《教学做合一下之教科书》

不做无学，不学无术，科学实验要在做上学，在做上教，读科学书籍，听科学演讲，而不亲手去做实验，便是洋八股而非真科学。

——《中华民族之出路与中国教育之出路》

2. 在劳力上劳心

从前的教育是传统教育，单教劳心者，不教劳力者。《孟子》上有说：“劳心者治人，劳力者治于人。”从这里就已看得很清楚了。

一般的智识阶级，他们是劳心而不劳力，读书而不做工，所以形成了“书呆子”。教书的人是“教死书”“死教书”“教书死”，充其量只是做一个活书橱，贩卖智识而已。

农工阶级呢？他们是劳力而不劳心，做工而不读书。所以形成了“田呆子”。他们只知道“做死工”“死做工”“做工死”。他们受尽了剥削，还不知道是什么道理，只是听天由命，叹几声命运的舛蹇而已。

中国因为有了“书呆子”和“田呆子”，所以形成了一个“呆子”国家。读书的人除劳心之外,不去劳力；除读书外，不去做工，以致不能生产。他们寄生在社会上，只是衣架饭囊，为社会国家蝥蠹。做工的人除劳力以外，不去劳心；除做工以外，不去读书，以致不能自保其利益，而受他人的横搜直刮；要他们做国家的主人翁，那更是在做梦。

中国现在危机四伏，存亡一缕。造成这个的原因，就是这山穷水尽的传统教育。我们要挽回国家的危亡，必须打破传统教育而另寻生路。我觉得目前中国的教育只有两条路线可以走得通：

（1）教劳心者劳力——教读书的人做工；

（2）教劳力者劳心——教做工的人读书。

站在现在的时代前，劳心不劳力固然不行，劳力不劳心的也是不行。

我们还有一首诗拿来劝大家手脑并用：人生两个宝，双手与大脑。用手不用脑，快要被打倒。用脑不用手，饭也吃不饱。手脑都会用，才算是开天辟地的大好佬。

——《目前中国教育的两条路线》

必须明白“做”是什么，才能明白教学做合一。盲行盲动是做吗？不是。胡思乱想是做吗？不是。只有手到心到才是真正的做。单单劳力，单单劳心，都不能算是真正的做。真正的做须是在劳力上劳心，在劳力上劳心，是真的一元论。

在劳力上劳心，是一切发明之母，事事在劳力上劳心，便可得事物之真理。人人在劳力上劳心，便可无废人，便可无阶级。征服天然势力，创造大同社会，是立在同一哲学上的。这个哲学的基础便是“在劳力上劳心”。我们必须把人间的劳心者、劳力者、劳心兼劳力者一齐化为在劳力上劳心的人。

——《在劳力上劳心》

一群青年丢掉了文凭的眷恋，从学府里跑到乡下去，和农人共生活。当这些青年和农人接触以后，双方都有了惊奇的发现。青年们在学府里受教已久，手无缚鸡之力，只拿得动一支笔写几行字。他们下乡不多时，便发现自己也有手，可以做工，可以种田，可以实验，可以使枪杆。农人呢，在“民可使由之，不可使知之”的空气中生活了千年百年，久已被裹头布裹得不能思想。他们和青年知识分子接触之下，禁不住要喊出来：“我们也有头脑啊！”青年发现了自己有双手，才能坐而言也能起而行。农人发现自己有头脑，才能由了解革命、信仰革命并发挥出力量以争取中国之自由平等。这种双手与头脑的重新发现是极重要的收获。

——《告生活教育社同志书》

3. 行知合一

“行是知之始，知是行之成”，是教人从源头上去追求真理。

——《谈生活教育》

人类和个人最初都由行动而获得真知，故以行动始，以思考终；再以有思考之行动始，以更高一级融会贯通之思考终；再由此而跃入真理之高峰。

——《育才两周年前夜》

“即知即行”是王阳明的格言，和我现在所奉行的“行是知之始”和“即行即知”，是一方面说明人类与个人的知识的起源，一方面叫行动取得主导的地位。行动产生理论；行动发展理论。行动所产生发展的理论还是为着要指导行动。理论要通过行动才能发生它的力量，丰富它的内容。

——《答复庶谦先生》

改名：在二十三年前，我开始研究王（阳明）学，信仰知行合一的道理，故取名“知行”。七年前，我提出“行是知之始；知是行之成”的理论，正与阳明先生的组织相反，那时以后，即有顽皮学生为我改名，常称我为“行知吾师”，我很乐意接受。

——《行知行》

《墨辩》提出三种知识：一是亲知，二是闻知，三是说知。亲知是亲身得来的，就是从“行”中得来的。

闻知是从旁人那儿得来的，或从师友口传，或由书本传达，都可以归为这一类。说知是推想出来的知识。现在学校里说注重的知识，只是闻知，亲知是几乎完全被挥于门外，说知也被忽略。我们拿“行为知之始”来说明知识之来源，并不是否认闻知和说知，乃是承认亲知为一切知识之根本。闻知与说知必须安根于亲知里面方能发生效力。

——《行为知之始》

有行动才能得到知识，有知识才能创造，有创造才有热烈的兴趣。所以我们主张：“行动”是中国教育的开始，“创造”是中国教育的完成。

——《创造的教育》

教育就是力的表现，力的变化。须依教育为手段，使我们的力量起了变化。少数人的力，比不上多数人的力；空谈的力，比不上行动的力；散漫的力，比不上组织的力；被动的力，比不上自动的力；头脑的力，比不上手脑并用的力。

——《国难与教育》

4. 真知识与伪知识

知识有真有伪。思想与行动结合而产生的知识是真知识，真知识的根是安在经验里的。从经验里发芽抽条开花结果的是真知灼见。

我只说真知识的根是要安在经验里，没有说样样知识都要从自己的经验上得来。假使我们抹杀别人的经验里所发生的知识而不去运用，那真可算是世界第一个大呆子。我们的问题是要如何运用别人经验里所发生的知识使它成为我们的真知识，而不要成为我们的伪知识。我们要以自己的经验做根，以这经验所发生的知识做枝，然后别人的知识方才可以接得上去，别人的知识方才成为我们知识的一个有机体部分。这样一来，别人的知识在我们的经验里活着，我们的经验也就生长到别人的知识里去开花结果。至此，别人的知识便成了我们的真知识。

——《“伪知识”阶级》

中国是有伪知识阶级。构成中国之伪知识阶级的，有两种成分：一是老八股派，二是洋八股派。这个阶级既靠伪知识骗饭吃，不靠真本事赚钱吃，便没有存在的理由。

伪知识阶级是特殊势力造成的。这特殊势力在中国便是皇帝。

天下最厉害的无过于天才（编按：指真正的知识分子）得了真知识，如果政治的天才从经验上得了关于政治的真知灼见，谁的江山也坐不稳。……（皇帝）他要把江山当作子孙万世之业，必得要收拾这些天才。他的法子是使天才离开真知识，去取伪知识。……皇帝引诱天才进伪知识的圈套有几个法子。一、照他的意旨在伪知识上用功，便有吃好饭的希望。二、照他的意旨在伪知识上用功，便有做大官的希望。三、照他的意旨在伪知识上用功，便有荣宗耀祖的希望。有了皇帝做大批的收买，全社会做这大批生涯的买卖，个人为名利权位所诱而不能抵抗出卖，伪知识阶级乃完全告成。以皇帝的目光看来，这便是“天下英雄，尽入我彀中”。等到八股取士的制度开始，伪知识阶级的形成乃更进一步。以前帝王所收买的知识还夹带了几分真，等到八股发明以后，全国士人三更灯火五更鸡去钻取的知识乃是彻底不值钱的伪知识了。（自己也都）成为废人，只是为“惜字炉”继续不断地制造燃料。教书先生之害人更广、更深、更切。大书呆子教小书呆子，几几乎把全国中才以上的人都变成书呆子，都勾引进伪知识阶级了。

鸦片之战，英法联军之战，甲午之战（以后），皇帝及大臣才明白伪知识靠不住，于是废八股、兴学堂，这未始不是一个转机。但是政权都操在“伪知识”阶级手中，他们哪会培养真知识？他们自作聪明的把外国的教育制度整个的抄了一个来。他们曾用眼睛、耳朵、笔从外国贩来了些与国情接不上的伪知识。其实还不是穿洋装的老八股吗？穿洋装的老八股就是洋八股，虽有新旧之别，但同不是从经验发生的真知识，同是不值钱的伪知识。

——《“伪知识”阶级》

老八股与新八股虽有新旧之不同，但都是靠着片面的工具来表现的，这片面的工具就是文字和书本，文字和书本只是人生工具之一，但老八股和新八股教育拿它当作人生的唯一的工具看待，把整个的生活都从这小孔里表现出来，岂不是要把生活剥削得皮黄骨瘦吗？

——《生活工具主义之教育》

活的人才教育，不是灌输知识，而是将开发文明宝库的钥匙，尽我们知道的交给学生。文化钥匙中主要的四把，即国文、数学、外国文、科学方法。

——《育才两周岁前夜》

为今之计，我们应当痛下四个决心：

一、从今以后，我们应当放弃一切固有的伪知识；

二、从今以后，我们应当拒绝承受一切新来的伪知识；

三、从今以后，我们应当制止自己不要再把伪知识传与后辈；

四、从今以后，我们应当陪着后起的青年共同努力去探真知识的泉源。

最后，我要郑重地说：二十世纪以后的世界，属于努力探获真知识的民族。凡是崇拜伪知识的民族，都要渐就衰弱以至于灭亡。三百六十行中绝没有教书匠、读书人的地位，东西两半球上面也没有中华书呆国的立足点。我们个人与民族的生存都要以真知识为基础。

——《“伪知识”阶级》

5. 知情意合一，智仁勇合一

育才学校办的是知情意合一的教育。

知情意的教育是整个的、统一的。知的教育不是灌输儿童死的知识，而是同时引起儿童的社会兴趣与行动的意志。情育不是培养儿童脆弱的感情，而是调节并启发儿童应有的感情，主要的是追求真理的感情；在感情之调节与启发中使儿童了解其意义和方法，便同时是知的教育；使养成追求真理的感情并能努力与奉行，便同时是意志教育。意志教育不是发扬个人盲目的意志，而是培养合乎社会及历史发展的意志。合理的意志之培养和正确的知识教育不能分开，坚强的意志之获得和一定情况下的情绪激发与冷淡无从割裂。现在我们要求在统一的教育中培养儿童的知情意，启发其自觉，使其人格活动获得完备的发展。

——《育才学校教育纲要草案》

育才学校办的是智仁勇的教育。

智仁勇三者是中国重要的精神遗产。过去它被认为“天下之达德”，今天依然不失其为个人完满发展之重要的指标。尤其是目前抗战建国的时期，我们需要智仁勇兼修的个人。不智而仁是懦夫之仁；不智而勇是匹夫之勇；不勇而仁是口头之仁。育才学校不仅是以智仁勇为其训练之目标，而且通过全部生活与课程以达到智仁勇之鹄的。我们要求每一个学生个性上滋润着智慧的心，了解社会与大众的热忱，服务社会与大众自我牺牲的精神。

——《育才学校教育纲要草案》

6. 师生共学、共事、共修养

我们最注重师生接近，最注重以人教人。教职员和学生愿意共生活、共甘苦。要学生做的事，教职员躬亲共做；要学生学的知识，教职员躬亲共学；要学生守的规矩，教职员躬亲共守。我们深信，这种共学、共事、共修养的方法，是真正的教育，师生有了共甘苦的生活，就能渐渐地发生相亲相爱的关系。教师对学生，学生对教师，教师对教师，学生对学生，精神都要融洽，都要知无不言，言无不尽。一校之中，人与人的隔阂完全打通，才算是真正的人格教育。

——《南京安徽公学创学旨趣》

在共同生活中，教师必须力求长进。好的学生在学问与修养上，每每欢喜和教师赛跑。后生可畏，正是此意。我们极愿意学生能有一天跑在我们前头，这是我们对于后辈应有之希望。学术的进化在此。但我们确不能懈怠，不能放松，一定要鞭策自己努力跑在学生前头，这是我们应有的责任。师道之可敬在此。

所以我们要一边教，一边学。

——《南京安徽公学创学旨趣》

要用活的人去教活的人。教员的一切，要影响到学生身上去；学生的一切，也要影响到教员身上去。学生向前进，教员也要向前进，都要一同并进。

——《活的教育》

教育者所要创造的是真善美的活人。先生之最大的快乐，是创造出值得自己崇拜的学生。先生创造学生，学生也创造先生。先生学生合作，而创造出彼此崇拜之活人。

——《创造宣言》

师生本无一定的高下，教学也无十分的界限；人只知教师教授，学生学习；不晓得有的时候，教师倒从学生那里得好多的教训。所以万一找不到相当的人才，就请职教员和学生共同教学也好。我们就须打破一切障碍，使师生的感情，可以化为一体。

——《学生自治问题之研究》

最好的教育是有来有往。老是靠你一方面讲话，你不是变成了一个话匣子了吗？你不但要忘记他是你的学生，并且要叫他忘记你是他的先生。这样，你才能做到一个进步的先生。

——《怎样做小先生》

艺友制是什么？

艺，是艺术，也可做手艺解。友就是朋友。凡用朋友之道教人学做艺术或手艺便是艺友制。

艺友制如何可以应用到师范教育上来？

师范教育的功用是培养教师。教师的生活是艺术生活。教师的职务也是一种手艺，应当亲自动手去干的。学做教师有两种途径：一是从师，一是访友。跟朋友操练比从师来得格外自然，格外有效力，所以想做好教师，最好是和好教师做朋友，凡用朋友之道教人学做教师，便是艺友制师范教育。

——《艺友制师范教育答客问》

“以教人者教己”是本校根本方法之一。

因为要教大家，所以先教自己。

为学而学，不如为教而学之亲切。为教而学，必须设身处地，努力使人明白；既要努力使人明白，自己便自然而然地格外明白了。

——《以教人者教己》

（四）社会即教育

1. 工学团：工场、学校、社会打成一片

一般人只要想到教育便联想到学校，一提到普及教育便联想到普及学校。这种意见只是一种守旧的迷信。我们若不跳出学校的圈套，则普及教育在中国是不可能的。我不说学校没有用，但学校之外，我们必须创造一种下层文化的组织，适合大多数人的生活，便利大多数人继续不断地长进，才是有了永远的基础。

我建议要创造一种文化细胞。每一家，每一店铺，每一工厂，每一机关，每一集团组成一个文化细胞。这种细胞里的分子有两种：一是识字的，一是不识字的。我们叫每一个细胞里的识字分子教导不识字分子。说

得正确些，我们叫识字分子取得现代知识精神，连文字一同教给不识字的分子。这样一来，每个文化细胞里的分子都能继续不断地长进。任何文化细胞倘若识字分子过剩，可以分几个出去，帮助缺少识字分子的细胞。这种文化细胞，在山海工学团范围以内叫作工学团最下层之组织单位。安徽省会称它为普及教育团。名字不同，无关重要，但他们有一点相同，便是感到专靠学校来普及教育在中国很是勉强，不易做到，要在学校之外创出一种较为自然之组织来救济，不但要谋教育之普及，并要谋所普及之教育得以继长增高。

——《文化细胞》

普及教育运动之最大使命，便是把这个钥匙从少数人的手里拿出来交给大众。

教育必须普及，但是老法子绝办不到，只好想新法子来解决。

我们要冲破这个难关，必先对教师的观念起一个根本的改变，师范生乃至整个知识阶级不是教师的唯一泉源。小孩子最好的先生是前进的小孩。大众最好的先生是前进的大众。知识分子的使命在帮助前进的孩子和前进的大众取得现代知识以同化他们的伙伴。知识分子最多只可做小孩和大众的顾问，超过顾问的范围，就要损害他们的自动精神，即是做个顾问，知识分子也得跳进小孩与大众的队伍里去，与他们共患难同休戚，才够得上顾问的资格。这样一来，我们的先生就够用了。全国小学生是有现成的一千一百万小孩可以做小先生。私塾改良一下，也有一千万合格的小先生。识字大众是有八千万，都有担当传达先生的资格，这一万万小先生与传达先生总动员，每人教两人便是三万万。这些先生不要薪水，又不必多花金钱培养，只须我们承认他们配做先生，那教师的难关，那就不冲而自破了。

——《攻破普及教育之难关》

什么叫作自动？自动是大众自己干、小孩自己干。自动教育是教大众自己干、小孩自己干，不是替代大众和小孩干。

什么叫工学团？工是工作，学是科学，团是团体。

说得清楚些是：工以养生，学以明生，团以保生。说得更清楚的是，以大众的工作养活大众的生命，以大众的科学明了大众的生命，以大众的团体的力量保护大众的生命。工学团是一个小工场，一个小学校，一个小社会。在这里面是包含着生产的意义，长进的意义，平等互助、自卫卫人的意义。它是将工场、学校、社会打成一片，产生一个富有生活力的新细胞。

共学团可大可小，从几个人的家庭、店铺，到几十个人的学校、庙宇，几百个人的村庄、监狱，几千人的工厂，几万人、几十万人的军队、建设工程队（例如导淮、筑路的大队民夫），都可造成一个富有意义的工学团。

——《攻破普及教育之难关》

我们现在办民众教育必得要承认：

农人最好的先生，不是我，也不是你，是农人自己队伍里最进步的农人！

工人最好的先生，不是我，也不是你，是工人自己队伍里最进步的工人！

小孩子最好的先生，不是我，也不是你，是小孩子自己队伍里最进步的小孩子！

我们现在最要紧的工作便是在：

帮助进步的农人格外进步，由他们“联合自动”，领导全体农人一同进步！

帮助进步的工人格外进步，由他们“联合自动”，领导全体工人一同进步！

帮助进步的小孩子格外进步，由他们“联合自动”，领导全体小孩子一同进步！

——《小先生与民众运动》

2. 小先生教育运动

普及生活教育所要树立的第一个信念，便是小孩能做先生。

有个学校真奇怪，小孩自动教小孩。七十二行皆先生，先生不在学如在。

没有父母带，先生也不在。谁说小孩小？划分新时代！

祖母做学生，孙儿做先生。天翻地覆了，不复辨师生。

——《小先生》

要把整个学校的学生或整个工学团的团员，都变成小先生。小先生所要找的学生是不能上学的人或不能常来团本部的人，换句话说，他是要到传统学校外或团本部周围去找他的学生。很自然的，不识字的奶奶、妈妈、嫂嫂、姊姊、妹妹、爸爸、哥哥、弟弟，和隔壁邻居的守牛、砍柴、拾煤球、扒狗屎的同胞都是他应当找的学生。一个识字的人教导两个不识字的人，一个会做的人教导两个不会做的人，这里面才包含着普及的力量。

“即知即传人”的原则是要一贯地实行下去。因此，小先生的职务不但是教人，说得更切些，他的职务是教人去教人。等到他的学生也在教人了，他那小先生的封号才有丰富的意义咧。所以小先生之成绩，不在直接所教学生之多，而在间接所传代数之多。

——《怎样指导小先生》

小先生不但是普及儿童教育的生力军，而且是普及成人教育的急先锋。在小先生的手里，儿童教育与成人教育是打成了一片，学校教育与社会教育是搓成了一团。

——《从学军到工学军》

送教育上门这一特点是小先生制所独有的。

小先生制正以一种独特的方式为中国服务，即帮助成年女孩或妇女受点教育。在旧风俗习惯仍然盛行的农村，男教师感到很难教成年的女孩子。女教师很少。多年来让女子也受教育的问题一直困扰着我们。小先生一出现，这问题便迎刃而解。他们可以到新娘的卧室里给她上课。小孩比正规的教师随便得多，当小先生到农民家去上课时，如果主妇还没有洗完碗，她可以让小先生等一等。小先生就是这样推动了女子教育。

——《中国的大众教育运动》

小先生运动有下述优点：

1. 通过教别人，孩子们学得更多。把知识冷藏在脑子里的人学得最少。

2. 知识不再是买卖的商品。教育成了人人可以免费得到的礼物。

3. 老少共同进步。成人与儿童经常在一起学习知识，可以使成人年轻起来。

4. 它帮助解决了女子教育那不可克服的困难，使全国一半人口都能受到初级教育。

5. 随着小先生的出现，学校本身也有了相应的新变化。从前，乡村学校在乡村中是孤立的。现在，小先生就像通电的电线，把乡村学校和每家每户连接起来，全村都成了学校。教育之光照遍每个角落，而学校转过来又被众多需要解决的问题激发得生气勃勃。

——《中国的大众教育运动》

（五）改造社会与教育的精神

1. 创造，开辟

我们常见的教育家有三种：一种是政客教育家，他只会运动、把持、说官话；一种是书生教育家，他只会读书、教书、做文章；一种是经验教育家，他只会盲行、盲动、闷起头来，办……办……办……第一种不必说了，第二第三两种也都不是最高尚的。依我看来，今日的教育家，必定要在下列两种要素当中得了一种，方才可以算为第一流的人物。

（一）敢探未发明的新理。我们在教育界做事的人胆量太小，对于一切新知，大惊小怪。一举一动，不是乞灵古人，就是模仿外国。我们在教育界任事的人，如果想自立、想进步，就需胆量放大，将试验精神，向那未发明的新理贯射过去。不怕辛苦、不怕疲倦、不怕障碍、不怕失败，一心要把那教育的奥妙新理，一个个地发现出来。这是何等的魄力，教育界有这等魄力的人，不愧受我们崇拜！

（二）敢入未开化的边疆。要晓得国家有一块未开化的土地，有一个未受教育的人民，都是由于我们没有尽到责任。责任明白了，就放大胆量，单身匹马，大刀阔斧，做个边疆教育的先锋，把那边疆的门户，一扇一扇地都给它打开。这又是何等的魄力！有这样魄力的人，也不愧受我们崇拜。

敢探未发明的新理，即是创造精神；敢入未开化的边疆，即是开辟精神。创造时，目光要深；开辟时，目光要远。总起来，创造、开辟都要有胆量。在教育界，有胆量创造的人，即是创造的教育家；有胆量开辟的人，即是开辟的教育家，都是第一流的人物。大丈夫不能舍身试验室，亦当埋骨边疆尘，岂宜随便过去！但是这种人才，究竟要到什么时候才能出现？究竟要由什么学校造成？究竟要用什么方法养成？可算是我们现在最关心的问题。

——《第一流的教育家》

我是一头狮子，在人们都睡着的时候，巍然雄视一切。为夜之主，有整个的宇宙待我整顿。

——《我现在是一只狮子》

我们应在山穷水尽的时候，找出一条生路来。

——《山穷水尽》

我们在社会上做事就要准备碰钉子。第一是硬起头皮来碰。假设钉子是铁做的，我们的头皮就要硬到钢一样，叫铁一碰到钢做的头皮就弯了起来。第二是要把我们的热心架起火来，把钉子烧化掉。

——《预备钢头碰铁钉》

人生是患难与欢乐所织成。追求真理的人以与患难搏斗为乐。人生与患难有不解之缘，患难给有志者以战斗的情绪与战胜之智慧。

——《育才十字诀》

穷则变，变则通。要有智慧才知道怎样变得通，要有大无畏的精神及金刚之信念与意志才变得过来。

——《创造宣言》

傻瓜种瓜，种出傻瓜。唯有傻瓜，救得中华。

——《傻瓜》

美术家立下一伟大榜样，即崇拜自己的事业，要把事业做到美丽而得到其中之乐趣，即是真正之酬报。我是崇拜自己的创造，故能乐而忘忧。

——《创造使人乐而忘忧》

一个人在学问上能追求真理，则在革命上能杀身成仁。学问和革命是一件事，不是两件事。

——《学问与革命是一件事》

话要软说，事要硬干。

——《黄次咸先生服务青年三十年祝歌》

战斗即生命。在战斗中我们取得生命的力量，在战斗中我们取得生命的意义。没有力量，没有意义的生命，要它干什么?

——《战斗》

攀山要攀上绝山顶,游船要游到海中心。战要拼命，干要拼命。玩，如果有，也要拼命。

——《拼命》

我们对于周围的环境，最忌的是苟安，同流合污，听天由命，不了了之。

——《南京安徽公学创学旨趣》

2. 科学，试验

要参与教育革新的运动，须具两种精神，一是开辟的精神，二是试验的精神。有开辟的精神，然后愿到那人不肯到的地方去服务，然后我们足迹所到之处，就是教育所到之处。有试验的精神，然后对于教育问题，才有彻底的解决；对于教育原理，才有充量的发现。

——《在孟禄与中国教育界同人饯别会上的讲话》

当这学制将改未改之际，我们应当以科学的方法态度，考察社会个人之需要能力，和各种生活事业必不可少之基础准备，修正出一个适用之学制。

为造新房绘图易，为改旧房绘图难。因为改旧房时，须利用旧房，以适合改造之需要。然旧房有可利用的；有断不可利用的；有将来要拆而改造时，不得不崭时存留的。这都是绘图的人应加考虑的事。我们的旧学制，多半应当改革，但因国中特别情形，或亦有宜斟酌保存之处。大凡改制之时，非旧制遭过分之厌恶，即新制得过分之欢迎。这两种趋势，都能使旧制之优点，处于不利地位。所以我们欢迎新学制出现的时候，也得回过头来看看，掉了东西没有？

——《我们对于新学制草案应持之态度》

我们心中所共悬而借以引导我们进行的目标。

一、我们研究学问，要有科学的精神。

二、改造应秉着美术的精神，去运用科学发明的结果，来支配环境，使环境现出和谐的气象。我们要有欣赏性的改造，不要有恐怖性鬼脸式的改造，换句话说，我们改造环境，要有美术的精神。

三、我们不但是物质环境中的人，并且是人中人。做人中人的道理很多，最要紧的是“富贵不能淫，贫贱不能移，威武不能屈”。这种精神，必须有独立的意志、独立的思想、独立的生计和耐劳的筋骨、耐饿的体肤、耐困乏的身。推己及人的恕道，和大公无我的容量，也是做人中人的最重要的精神。把这几种精神合起来，就称他为大丈夫精神罢。我们处世应变，要有大丈夫的精神。

——《南京安徽公学创学旨趣》

“忠”是帮人做事，从头到尾都肯尽心尽力。“恕”就是处处能体谅人。自己不愿做的，就不要给人家去做；自己不愿意受的，也不要给人家去受。

——《孔夫子》

好也不算好，坏也不算坏，好好坏坏任人讲，心中玉一块。恩怨有偶然，毁誉多意外。翻手作云覆手雨，朋友我不卖。

——《我的小怀抱》

宇内地球小如粟，人生更比粟儿小。但愿多种几粒粟，何事营营争多少！

——《偶咏》

以严肃认真态度律己；以互助合作精神相待；以科学方法治事治学。

——《育才学校创造年计划大纲》

行动从容，胆大心细。

——《爱惜衣服便是爱惜国力》

一曰虚心：虚心则成见消除，不为物蔽，休休相容，唯真理之是求；二曰留心：留心则社会环象，随在考察，不仅恃载籍以资考证；三曰专心：专心则精敛神萃，致力一途，不扰于物，易底于成。

——《教育研究法》

工作敏捷而正确才有效力。要靠熟练与精细。粗心大意，是最易弄错弄坏事情的。做事要像做算术的演算一样，要演得快，演得正确。做事要按照计划，依限完成，就必须毅力坚持，一直到做好为止。

——《每天四问》

世界上一切困难都要用冷静的计划去克服。忧愁伤心是双倍的牺牲，于事并无补。

——《投入大的社会里去》

我无论处境如何困难，心里是泰然自在。

——《我是欢迎困难的一个人》

培养点浑厚的态度，减少些刻薄的风气。

说理的人，必愿尊重他人的意见，反省自己的主张，同时更有服从真理的勇气。

——《〈新教育评论〉之使命》

弱点是最重的担子，肃清弱点才走得动，否则会使我们半途而废。弱点是最大的内奸，肃清内奸才能无后顾之忧，否则会自己打败自己。远征的战士，首先要用勇气对着自己的弱点开刀。

——《从五周年看五十周年》

人生要忙也要玩，但是最要紧的是，忙的时候忙，玩的时候玩。若是忙的时候玩，玩的时候忙，都是错了。

——《西湖之危机》

工作切不可太紧张，更不可不涵养一种海阔天空的境界。力所能为者，尽力为之；力所不能为之者，修身以待之。

——《病未愈工作不可太紧张》

我的人生观是不恋，其实要说一定不恋也不对，更近情理是恋而不恋，不恋为恋。

——《恋而不恋》

3. 远处着眼，近处着手

从事社会改造的人，要远处着眼，近处着手。社会的范围可大可小。大而言之，社会即全世界；小一点就是一国；再小就是一省、一县、一城；再小就是我们最近的环境、在我们前前后后的邻居。我以为要在我们自己机关以外服务社会，最好是从我们的最近的环境着手，逐渐地推广出去。我们最近的环境要待改造的事体也很多。卫生问题、生计问题、道德问题、娱乐问题，以及种种别的问题都待解决，都是从事社会改造者不忍放弃的问题。我们倘能把种种问题用大刀阔斧来同时解决，岂不痛快！无如天下事没有这样容易，我们的精力也很有限，想要把一切问题同时解决，结果必定是一个问题也不能解决。倒不如按着自己的能力，看准一件具体的物事，会精聚神地来干他一下。如果我们对于一件事肯得专心继续地努力去干，一定有解决的希望。一个人，一个时候，在一个地方，干一件事，是社会改造的不二法门。

——《社会改造之出发点》

最重要的时候，就是现在；最重要的人，就是你对面的人；最重要的事，就是待人好。

——《三个问题》

各人应该站在各人的岗位上，守牢自己的岗位。在本岗位上努力，把本岗位的职务做好，这是尽责任的第一步。

——《每天四问》

每天四问：

第一问：我的身体有没有进步？

第二问：我的学问有没有进步？

第三问：我的工作有没有进步？

第四问：我的道德有没有进步？

——《每天四问》

收条写字要写得端正清楚，纸张亦宜裁得端正，这是无声之乐，也可说是办事音乐化，办事美术化，是诸生所应受之教育之一小节，但是必要之一个螺旋。

——《按照经济手续也是一种教育》

4. 韧性精神

做学问是一个长期的战斗工作，所以必须有韧性战斗的精神，才能够在长期战斗中，战胜许许多多困难，化除种种障碍，开辟出一条新的道路，走入新的境界。

——《每天四问》

开辟和试验两种精神，都非短少时间所能奏效的。我们若想教育日新日进，就须继续不已地去开辟，继续不已地去试验。

——《在孟禄与中国教育界同人饯别会上的讲话》

风雨无阻，行住不停，天天磨，月月磨。磨它五年十载，总会成功。倘一曝十寒，时学时辍，到老无成。

——《学习外国文》

我们切不可存学制一定即了事的观念。我们更要承认，学制以后之事业问题是无穷尽的。无穷尽的事业，要我们继续不已地去办理它。无穷尽的问题要我们继续不已地去解决它。所以学制虽是个重要问题，但只是前程万里的第一步。

——《我们对于新学制草案应持之态度》

改革之业，必当进行不已，虽百折不回。个人之毁誉、利害、成败皆所不计，好恶、亲疏、恩怨之见，更无所容心。

——《退学的理论》

科学的孩子不怕失败，跌倒了爬起来，又走；再跌，再爬，再走，不走到不止。失败是最伟大的老师。

我们必须有屡败屡战的精神。

——《屡败屡战》

视阻力为当然、失败为难免，具百折不回之气概、再接再厉之精神。其成败虽未可必，然世界实由此而进步，教育也由此而进步。

——《试验主义与新教育》

没有做，莫说做不通；做得不够，莫说做不通；做了九十九次都失败了，第一百次会成功。

——《打胜仗的秘诀》

要改造社会必具有委婉的精神，我们在任何环境里面做事，不可过于急进，需要用委婉的精神，走到民众前头，慢慢地领着他们向前走。

——《学生的精神》

与其把一切事业学问，挤在几年内匆匆忙忙、劳劳苦苦地做了，何如把他们匀在几十年——六七十年内从从容容、舒舒服服地去干?

——《到庐山去》

大家共同追求真理，活到老，学到老，教到老，干到老，团到老。

——《民族解放大学校》

5. 晓庄精神、修养与力量

晓庄的茅草屋一把火可以烧掉。晓庄的同志饿不散、冻不散、枪炮惊不散。我们是为着一个共同的使命来的。这使命便是教导乡下阿斗做中华民国的主人。要想负起这个使命，便不能没有特殊的修养，这是我们自己勉励的几条方针。

（一）自立与互助

“滴自己的汗，吃自己的饭，自己的事情自己干。靠人靠天靠祖上，不算是好汉。”这首《自立歌》，晓庄的人是没有不会唱的了。但是自立不是孤高，不是自扫门前雪。我们不但是一个人，并且是一个人中人。人与人的关系是建筑在互助的友谊上的。凡是同志，都是朋友，便当互助。倘不互助，就不是朋友，便不是同志。我们唱一首《互助歌》吧：“小小的村庄，小小的学堂，小小的学生，个个是好汉，好汉，好汉，帮人家的忙。”

（二）自由与纪律

晓庄团体行动有一致遵守的纪律，但这些纪律的目的，无非也是增进集体生活的幸福，防止个人自由之冲突。晓庄毕竟不但是个“平等之乡”，而且是个“自由之园”。试验自由是各学园的础石，晓庄所要求于个人的只是每个人都要有计划，要按着自己的计划进行。至于什么计划，如何实现，都是个人的自由。在理想的社会里，凡是人的问题都可以自由地想、自由地谈、自由地试验，晓庄虽然没有达到这种境界，但愿意努力创造这样的社会，这里含蓄着进步的泉源，这里蕴藏着人生的乐趣。

（三）大同与大不同

这又是一对似乎矛盾而实相成的名词。将这些大不同的花草分别栽种，使他们各得其所，及时发荣滋长，现出一种和谐的气象，令人一进门便感觉到生命的节奏：这便是大同之效。晓庄只是一个“人园”，和花园有相类的意义。我们愿意在这里面的人都能各得其所，现出各人本来之美，以构成晓庄之美。晓庄不但是不要把个个学生造成一模一样，并且也不愿他们出去照样画葫芦。晓庄同志要创造和晓庄大不同的学校才算是和晓庄同，才算是第一流的贡献，才算是有些成功。

——《晓庄三岁敬告同志书》

晓庄这个学校能不能封掉，确是一个疑问。

（一）晓庄是同志的结合，不是少数几个人的私有品，拘捕几个人，不能叫他根本动摇。

（二）晓庄的门可封，他的嘴不可封，他的笔不可封，他的爱人类和中华民族的心不可封。

（三）晓庄以社会为学校。小而言之，他是和平门外四十里周围的农村；大而言之，便是整个的世界。他本来没有门，封条贴在哪里？倘使社会可封，则晓庄可封。

（四）种子已经撒遍全社会，在人所不到的地方，已经有了晓庄的生命。我们想不到人间有什么势力，可以把他们连根拔掉。

（五）我们要用和平奋斗的精神来创造自由平等的世界。捣乱后方、反动暴动种种恶名加到我们身上来，是不伦不类的。我们尊重人类的理性，我们承认凡是人类都是可以教的，就是以武力来压迫我们，我们还是一样地教他们去济弱扶倾。我们奋斗的工具是爱力不是武力。

——《护校宣言》

我曾经读了一本书，叫作《人间词话》，是王静安先生著的。书里有这样一段话：

“古之成大事业者，必定要经过三种境界。”

哪三种境界呢？他说：

“一、昨夜西风凋碧树，独上高楼，望尽天涯路。”

这是说为大事者，先天下之忧而忧，要从高远处去望他。

“二、衣带渐宽终不悔，为伊消得人憔悴。”

这就是说看清了人民的隐痛之后，要时时刻刻纪念他，就是为他牺牲一切，终不懊悔！

“三、众里寻他千百度，蓦然回首，那人却在灯火阑珊处。”

这是说，从各处各地要寻个解决，只有我们百折不回地去找他，终有一天会出人不意的遇着。

——《本校（按，即晓庄师范）产生时的催生娘娘》

文本选读

再论中国乡村教育之根本改造

——在上海青年会的演讲

今天所要讲的，是关于我们中国的根本问题，便是中国乡村教育之根本改造。中国估算有一百万个乡村，如欲教育普及，一个乡村至少有一个学校，一个学校至少要一位教员，而且要好教员。但是，中国向来所办的教育，完全走错了路：他教人离开乡下向城里跑，他教人吃饭不种稻，穿衣不种棉，盖房子不造林。他教人羡慕繁华，看不起务农。他教人有荒田不知开垦，有荒山不知造林。他教人分利不生利。他教人忍受土匪、土棍、土老虎的侵害而不能自卫，遇了水旱虫害而不知预防。他教农夫的子弟变成书呆子。他教富的变穷，穷的格外穷；强的变弱，弱的格外弱。像这种教育，大家还高唱着要教育普及，真是痴人说梦。其实，这种教育决不能普及，也不应该普及。前面是万丈悬崖，同志们务须把马勒住，另找生路。生路是什么？就是建设适合乡村实际生活的活教育！

不过，活的乡村教育，必须要有活的乡村教师。活的乡村教师必须有三个条件：第一有农夫的身手；第二有科学的头脑；第三有改造社会的精神。他的功效：一年能使学校气象生动，二年能使社会信仰教育，三年能使科学农业著效，四年能使村自治告成，五年能使活的教育普及，十年能使荒山成林，废人生利。这样，教师就是改造乡村生活的灵魂。活的乡村教育要有活的方法，活的方法就是教学做合一：教的法子根据学的法子，学的法子根据做的法子；凡事怎样做就怎样学，怎样学就怎样教。比如种田这件事，要在田里做，就要在田里学，也就要在田里教。活的乡村教育要用活的环境，不用死的书本。他要用环境里的活势力，去发展学生的活本领——征服自然、改造社会的活本领。它其实要叫学生在征服自然、改造社会上去运用环境的活势力，以培养他自己的活本领。活的乡村教育要教人生利，他要叫荒山成林，叫瘠地长五谷。他教人人都能自立，自治，自卫。他要教乡村变为西天乐国，村民都变为快乐的活神仙。

以后看学校的标准，不是校舍如何，设备如何，乃是学生生活力丰富不丰富。村中荒地都开垦了吗？荒山都造成了林吗？村道已四通八达了吗？村中人人都能自食其力吗？村政已经成了村民自有、自治、自享的活动了吗？这种活的教育，不是教育界或任何团体单独办得成功的，我们要有一个大规范的联合，才能希望成功！那应当联合中之最应当联合的，就是教育与农业携手。中国乡村教育之所以没有实效，是因为教育与农业都是各干各的，不相闻问。教育没有农业，便成为空洞的教育，分利的教育，消耗的教育。农业没有教育，就失了促进的媒介。倘有好的乡村学校，深知选种调肥、预防虫害种种科学农业，做个中心机关，农业推广就有了根据地、大本营，一切进行，必有一日千里之势。所以第一要教育与农业携手！那最应当携手的虽是教育与农业，但要求其充分有效，教育更须与别的伟大势力携手。教育与银行充分联络，就可推翻重利；教育与科学机关充分联络，就可破除迷信，教育与卫生机关充分联络，就可预防疾病；教育与道路工程机关充分联络，就可改良路政。其他不胜枚举。

总之，乡村学校是今日中国改造乡村生活之唯一可能的中心！他对于改造乡村生活的力量大小，要看他对于别方面势力联络的范围多少而定。乡村教育关系三万万六千万人民之幸福！办得好能叫农夫上天堂，办得不好能叫农夫下地狱。

现在我们在南京已经开始进行了，决定创办一所试验乡村师范学校。他的目的，是依据乡村实际生活造就乡村学校教师、校长、辅导员的地方。因为要有好的学校，先要有好的教师。好的教师有生成的，有学成的。生成的天才不可多得，简直是凤毛麟角，恐怕一百万位乡村教师当中，有九十九万九千九百位是要用特殊的训练把他们培养成功的。有了好教师，就算是好的乡村学校；好的乡村学校，就是改造乡村生活中心。现在中国有极少数乡村学校确是朝着这条路走，他们的精神，确是要令人起敬。如南京燕子矶小学、尧化门小学、明孝陵小学和无锡开原一校等，都是著有成绩的乡村中心小学。中心小学以乡村实际生活为中心，同时又为试验乡村师范的中心。平常师范学校的小学叫作附属小学，我们要打破附属品的观念，所以称他为中心小学。中心小学是师范学校的主脑，不是师范学校的附属品；中心小学是师范学校的母亲，不是师范学校的儿子；中心小学是太阳，师范学校是行星。师范学校的使命是要传布中心学校的精神方法和因地制宜的本领。我们这个学校正在积极筹备，决定三月十五日开学——开学期即为开工期——所要考的有五样东西：（一）农事或土木工操作一日；（二）智慧测验；（三）常识测验；（四）作国文一篇；（五）三分钟演说。该校各科教师都称为指导员，不称为教员，他们指导学生教学做，他们与学生共教，共学，共做，共生活。不但如此，高级程度学生对于低级程度学生也要负指导之责。我们准备了田园二百亩供师生耕种，荒山十里供师生造林，以最少数经费供师生自造茅草屋居住。每个茅草屋居住十一个人——十位学生和一位指导员。里面有阅书室、会客室、饭厅、盥洗室、厕所，屋外后面附一个小厨房，厨房之后有一小菜园。但是，茅草屋没有造成之前，大家都住在童子军式帐篷里，谁的茅草屋没有造好，谁都要住在帐篷里。十一个人都要受住茅草屋指导员的指导，按照图样建造一个优美的、卫生的、坚固的、合用的、省钱的茅草屋。个个人都要参加，都要动手。教师不但是教书，学生不但是读书，他们是到这里来共同创造一个学校。从院长起以及到学生，谁不能造成茅草屋，谁就永久住在帐篷里。所有一切建筑都是茅草屋，除宿舍外，还有图书馆、科学馆、教室、娱乐室、操室、浴室、陈列所、医院、动物院以及指导员家属住宅，都要逐渐使他们成立，但总依据茅草屋的形式建筑。简括起来：试验乡村师范的精神，可以拿本校校旗之意义来代表，旗之中心有一个小圆圈，里面有个“活”字代表所要培养之生活力；圈外有个等边三角，代表教学做三者合一；三角上面有一个“心”字放在当中，表示关心农民甘苦之意；左边有一支笔，右边有一把锄头；三角之外有一大圆圈放射光芒，好比是太阳光；四面有一百个金色星布满全旗，代表一百万个学校，改造一百万个乡村，使个个乡村都得到光明，合起来造成中华民国的伟大的光明！

总之，乡村教育的生路是：我们要从乡村实际生活产生活的中心学校，从活的中心学校产生活的乡村师范，从活的乡村师范产生活的教师，从活的教师产生活的学生、活的国民。

临了，我还要把我们上月在南京开会所议决通过的信条也顺便说一说：（一）我们深信教育是国家万年根本大计；（二）我们深信生活是教育的中心；（三）我们深信健康是生活的出发点，也就是教育的出发点；（四）我们深信教育应当培养生活力，使学生向上长；（五）我们深信教育应当把环境的阻力化为助力；（六）我们深信教法学法做法合一；（七）我们深信师生共生活共甘苦为最好的教育；（八）我们深信教师应当以身作则；（九）我们深信教师必须学而不厌才能诲人不倦；（十）我们深信教师应当运用困难，以发展思想及奋斗精神；（十一）我们深信教师应当作人民的朋友；（十二）我们深信乡村学校应当作改造乡村生活的中心；（十三）我们深信乡村教师应当作改造乡村生活的灵魂；（十四）我们深信乡村教师必须有农夫的身手，科学的头脑，改造社会的精神；（十五）我们深信乡村教师应当用科学的方法去征服自然，美术的观念去改造社会；（十六）我们深信乡村教师要用最少的经费，办理最好的教育；（十七）我们深信最高尚的精神是人生无价之宝，非金钱所能买得来，也就不必靠金钱而后振作，尤不可因钱少而推诿；（十八）我们深信如果全国教师对于儿童教育都有鞠躬尽瘁死而后已的决心，必能为我们民族创造一个伟大的新生命。这十八则就是“我们的信条”。

我已经随便地讲了不少，如今再具体地作一结束如下：我们教育同志，应当有一个总反省，总忏悔，总自新。我们的新使命是要征集一百万个同志，创设一百万个学校，改造一百万个乡村。我们以极诚恳的意思，欢迎全国同胞一齐出来，加入这个运动！赞助它发展，督促它进行，一心一德地来为中国一百万个乡村创造一个新生命，叫中国一个个的乡村，都有充分的新生命，合起来造成中华民国的伟大的新生命。

1927年1月3日讲

原载1927年4月《中华教育界》第16卷第10期

创造的儿童教育

创造的儿童教育，不是说教育可以创造儿童。儿童的创造力是千千万万祖先，至少经过五十万年与环境适应斗争所获得而传下来之才能之精华。发挥或阻碍，加强或削弱，培养或摧残这创造力的是环境。教育是要在儿童自身的基础上，过滤并运用环境的影响，以培养加强发挥这创造力，使他长得更有力量，以贡献于民族与人类。教育不能创造什么，但他能启发解放儿童创造力以从事于创造之工作。

我们晓得特别是中国小孩，是在苦海中成长。我们应该把儿童苦海创造成一个儿童乐园。这个乐园不是由成人创造出来交给小孩子，也不是要小孩子自己单身匹马去创造。我们造一个乐园交给小孩子，也许不久就会变为苦海；单由小孩子自己去创造，也许就创造出一个苦海。所以应该成人加入小孩子的队伍里去，陪着小孩子一起创造。

一、把我们摆在儿童队伍里，成为孩子当中的一员　我们加入到儿童队伍里去成为一员，不是敷衍的，不是假冒的，而是要真诚的，在情感方面和小孩子站在一条战线上。我曾经写过一首小诗，描写过我们在小孩队伍中应有和不应有的态度。

儿童园内无老翁，
老翁个个变儿童，
变儿童，
莫学孙悟空！
他在狮驮洞，
也曾变过小钻风，
小钻风，
脸儿模样般般像，
拖着一条尾巴两股红。

我们要加入儿童队伍里，第一步要做到不失其赤子之心，做成小孩子队伍里的一分子。

二、认识小孩子有力量　我们加入儿童生活中，便发现小孩子有力量，不但有力量，而且有创造力。我们要钻进小孩子队伍里才能有这个新认识与新发现。

从前当晓庄学校停办的时候，晓庄的教师和师范生不能回晓庄小学任职，私塾先生又被小孩拒绝，农人不好勉强聘请，不得已，小孩自己组织起来，推举同学做校长当教员，自己教，自己学，自己办，并自称自动学校，这是中国破天荒的创造。我听见了这个消息以后，就写了一首诗去恭贺他们：

有个学校真奇怪，
大孩自动教小孩。
七十二行皆先生，
先生不在学如在。

写好之后，交给几位小学生，请他们指教，他们说尽善尽美，于是用快信寄去。

第三天，他们回了一封信，向我道谢之外，说这首诗有一个字要改，大孩教小孩，难道小孩不能教大孩吗？大孩能够自动，难道小孩不能自动吗？而且大孩教小孩有什么奇怪呀？这一串炸弹把个“大”字炸得粉碎，我马上把他改为“小孩自动教小孩”，这样一来，是更好了。黄泥腿的农村小孩改留学生的诗，又是破天荒的证明，证明小孩有创造力。

又有一次我到南通州去推广“小先生”，写了一篇一分钟演讲词，内中有一段：“读了书，不教人。什么人？不是人。”我讲过后有一个小孩子马上来说，陶先生，你的演讲最好把“不是人”改为“木头人”，“木头人”比“不是人”更好了。因为“不是人”三个字不具体，桌子不是人，椅子也不是人，而“木头人”是给了我们一个具体的印象。这也证明小孩子有创造力。我们要真正承认小孩子有创造力，才可以不被成见所蒙蔽。小孩子多少都有其创造的能力。

三、解放儿童的创造力　我们发现了儿童有创造力，认识了儿童有创造力，就须进一步把儿童的创造力解放出来。

（一）解放小孩子的头脑。儿童的创造力被固有的迷信、成见、曲解、幻想层层裹头布包缠了起来。我们要发展儿童的创造力，先要把儿童的头脑从迷信、成见、曲解、幻想中解放出来。迷信要不得，成见要不得，曲解要不得，幻想更要不得，幻想是反对现实的。这种种要不得的包头布，要把他一块一块撕下来，如同中国女子勇敢地撕下了裹脚布一样。

自从有了裹脚布，从前中国妇女是被人今天裹，明天裹，今年裹，明年裹，骨髓裹断，肉裹烂，裹成一双三寸金莲。

自从有了裹头布，中国的儿童，青年成人也是被人今天裹，明天裹，今年裹，明年裹，似乎非把个个人都裹成一个三寸金头不可。如果中华民族不想以三寸金头出现于国际舞台，唱三花脸，就要把裹头布一齐解开，使中华民族的创造力可以突围而出。三民主义开宗明义就说：大凡人类对于一件事，研究其中的道理，首先发生思想，思想贯通，以后才生信仰，有了信仰，才生力量。思想贯通，便等于头脑解放。唯独从头脑里解放出来的创造力，才能打退日本鬼，建立新中国。

（二）解放小孩子的双手。人类自从腰骨竖起，前脚变成一双可以自由活动的手，进步便一天千里，超越一切动物。自从这个划时代的解放以后，人类乃能创造工具、武器、文字，并用以从事于更高之创造。假使人类把双手束缚起来，就不能执行头脑的命令。我们要在头脑指挥之下用手使用机器制造，使用武器打仗，使用仪器从事发明。中国对于小孩子一直是不许动手，动手要打手心，往往因此摧残了儿童的创造力。一个朋友的太太，因为小孩子把她的一个新买来的金表拆坏了，在大怒之下，把小孩子结结实实打了一顿。后来她到我家里来说："今天我做了一件极痛快的事，我的小孩子把金表拆坏了，我给了他一顿打。"我对她说恐怕中国的爱迪生被你枪毙掉了。我和她仔细一谈，她方恍然大悟，她的小孩子这种行动原是有出息的可能，就向我们请教补救的办法。我说："你可以把孩子和金表一块送到钟表铺，请钟表师傅修理，他要多少钱，你就给多少钱，但附带的条件是要你的小孩子在旁边看他如何修理。这样修表铺成了课堂，修表匠成了先生，令郎成了速成学生，修理费成了学费，你的孩子好奇心就可得到满足，或者他还可以学会修理咧。"小孩子的双手是要这样解放出来。中国在这方面最为落后，直到现在才开始讨论解放双手。在爱迪生时代，美国学校的先生也是非常的顽固，因为爱迪生喜欢玩化学药品，不到三个月就把他开除了！幸而他有一位贤明的母亲，了解他，把家里的地下室让给他做实验。爱迪生得到了母亲的了解，才一步步地把自己造成发明之王。那时美国小学的先生不免也阻碍学生的创造力的发展。我们希望护育员或先生跟爱迪生的母亲学，让小孩子有动手的机会。

（三）解放小孩子的嘴。小孩子有问题要准许他们问。从问题的解答里，可以增进他们的知识。孔子入太庙，每事问。我从前写过一首诗，是发挥这个道理："发明千千万，起点是一问。禽兽不如人，过在不会问。智者问得巧，愚者问得笨。人力胜天工，只在每事问。"但中国一般是习惯不许多说话，小孩子得到言论自由，特别是问的自由，才能充分发挥他的创造力。

（四）解放小孩子的空间。从前的学校完全是一只鸟笼，改良的学校是放大的鸟笼。要把小孩子从鸟笼中解放出来，放大的鸟笼比鸟笼大些，有一棵树，有假山，有猴子陪着玩，但仍然是个放大的模范鸟笼，不是鸟的家乡，不是鸟的世界。鸟的世界是森林，是海阔天空。现在鸟笼式的学校，培养小孩用的是干腌菜的教科书。我们小孩子的精神营养非常贫乏，这还不如填鸭，填鸭用的还是滋养料让鸭儿长得肥胖的。我们要解放小孩子的空间，让他们去接触大自然中的花草、树木、青山、绿水、日月、星辰以及大社会中之士、农、工、商，三教九流；自由地对宇宙发问，与万物为友，并且向中外古今三百六十行学习。创造需要广博的基础。解放了空间，才能搜集丰富的资料，扩大认识的眼界，以发挥其内在之创造力。

（五）解放儿童的时间。现在一般学校把儿童的时间排得太紧。一个茶杯要有空位方可盛水。现在中学校有月考，学期考，毕业考，会考，升学考，一连考几个学校。有的只好在鬼门关去看榜。连小学的儿童都要受着双重夹攻。日间由先生督课，晚上由家长督课，为的都是准备赶考，拼命赶考。还有多少时间去接受大自然和大社会的宝贵知识呢？赶考和赶路一样。赶路的人把路旁风景赶掉了，把一路应该做的有意义的事赶掉了。除非请医生，救人，路是不宜赶的。考试没有这样的重要，更不宜赶。赶考首先赶走了脸上的血色，赶走了健康，赶走了对父母之关怀，赶走了对民族人类的责任，甚至于连抗战之本身责任都赶走了。最要不得的，还是赶考把时间赶跑了。我个人反对过分的考试制度的存在。一般学校把儿童全部时间占据，使儿童失去学习人生的机会，养成无意创造的倾向，到成人时，即有时间，也不知道怎样下手去发挥他的创造力了。创造的儿童教育，首先要为儿童争取时间之解放。

四、培养创造力　把小孩子的头脑、双手、嘴、空间、时间都解放出来，我们就要对小孩子的创造力予以适当之培养。

（一）需要充分的营养。小孩的体力与心理都需要适当的营养。有了适当的营养，才能发生高度的创造力，否则创造力就会被削弱，甚而至于夭折。

（二）需要建立下层的良好习惯，以解放上层的性能，俾能从事于高级的思虑追求。否则必定要困于日用破碎，而不能够向上飞跃。

（三）需要因材施教。松树和牡丹花所需要的肥料不同，你用松树的肥料培养牡丹，牡丹会瘦死；反之，你用牡丹的肥料培养松树，松树受不了，会被烧死。培养儿童的创造力要同园丁一样，首先要认识他们，发现他们的特点，而予以适宜之肥料、水分、太阳光，并须除害虫，这样，他们才能欣欣向荣，否则不能免于枯萎。

最后，我要提醒大家注意创造力最能发挥的条件是民主。当然在不民主的环境下，创造力也有表现。那仅是限于少数，而且不能充分发挥其才能。但如果要大量开发创造力，大量开发人矿中之创造力，只有民主才能办到，只有民主的目的，民主的方法才能完成这样的大事。美国杜威先生（不是候选总统之杜威；而是哲学家、教育家之杜威）最近给我信说："现在世界是联系得这样密切，如果民主的目的与方法不能在全世界每一个角落里都普遍地树立起来，我怕我们在美国也难持久繁荣。"民主应用在教育上有三个最要点。

（一）教育机会均等，即是教育为公，文化为公。我们要求贫富的机会均等，男女的机会均等，老幼的机会均等，各民族各阶层的机会均等。

（二）宽容和了解。教育者要像爱迪生母亲那样宽容爱迪生，在爱迪生被开除回家的时候，把地下室让给他去做实验。我们要像利波老板宽容法拉第，法拉第在利波的铺子里做徒弟，订书订得最慢，但是利波了解他是一面钉书一面读书，终于让法拉第在电学上造成辉煌的功绩。

（三）在民主生活中学民主。专制生活中可以培养奴才和奴隶，但不能培养人民做主人。民主生活并非乱杂得没有纪律。民主要有自觉的纪律，人民只可以在民主的自觉纪律中学习做主人翁。在民主动员号召之下，每一个人之创造力都得到机会出头，而且每一个人的创造力都能充分解放出来。只有民主才能解放最大多数人的创造力，并且使最大多数人之创造力发挥到最高峰。

原载 1944 年 12 月 16 日重庆《大公报》

传统教育与生活教育有什么区别

前星期日来晚了，听说大家在此地讨论一个很有趣的问题，叫“吃人教育与生活教育有什么区别？”，我不能参加讨论，没有发表意见。今天，又来晚了，现在我发表我的一点意见。

吃人教育与生活教育有什么区别？我的意思，不如说“传统教育与生活教育有什么区别？”。所谓吃人教育，就是指传统教育而言的。现在，我们可以这样说：传统教育，是吃人的教育；生活教育，是打倒吃人的教育。

传统教育怎么是吃人的教育呢？他有两种吃法：

（一）教学生自己吃自己　他教学生读死书，死读书；他消灭学生的生活力，创造力；他不教学生动手，用脑。在课堂里，只许听教师讲，不许问。好一点的，在课堂里允许问了，但不许他到大社会里、大自然界里去活动。从小学到大学，十六年的教育一受下来，便等于一个吸了鸦片烟的烟虫；肩不能挑，手不能提，面黄肌瘦，弱不禁风。再加以要经过那些月考、学期考、毕业考、会考、升学考等考试，到了一个人大学毕业出来，足也瘫了，手也瘫了，脑子也用坏了，身体的健康也没有了，大学毕业，就进棺材。这叫作读书死。这就是教学生自己吃自己。

（二）教学生吃别人　传统教育，他教人劳心而不劳力，他不教劳力者劳心。他更说："劳心者治人，劳力者治于人。"说得更明白一点，他就是教人升官发财。发谁的财呢？就是发农人、工人的财，因为只有农人、工人才是最大多数的生产者。他们吃农人、工人的血汗。生产品使农人、工人自己不够吃，就叫作吃人的教育。

生活教育与传统教育则刚相反：

（一）他不教学生自己吃自己　他要教人做人，他要教人生活。健康是生活的出发点，他第一就注重健康。他反对杀人的各种考试，他只要创造的考试，他就是他不教人赶考赶人死。简单地说来，他是教人读活书，活读书，读书活。

（二）他也不教学生吃别人　他不教人升官发财，他只教中国的民众自己起来做主人，做自己的主人，做政府的主人，做机器的主人。他教人要在劳力上劳心。即使有人出来做官，他是要来服侍农人和工人，看看有吃农人或工人的人，他要帮助农人、工人把他干掉。做官并不坏，但只要能够服侍农人、工人就是好的。他更要教人做到“工以养生，学以明生，团以保生”。说得更清楚些是：教大众以大众的工作养活大众的生命；以大众的科学明了大众的生命；以大众的团体的力量保护大众的生命。

1934 年 11 月 15 日讲
原载 1934 年 12 月 1 日《生活教育》第 1 卷第 20 期

“伪知识”阶级

自从俄国革命以来，“知识阶级”（Intelligentsia）这个名词忽然引起了世人之注意。在打倒知识阶级呼声之下，我们不得不问一问：什么是知识阶级？知识阶级是怎样造成的？应当不应当把他打倒？这些问题曾经盘旋于我们心中，继续不断地要求我们解答。近来的方向又转过来了，打倒知识阶级的呼声一变而为拥护知识阶级的呼声。我们又不得不问一问：什么是知识阶级？知识阶级是怎样造成的？应当不应当将他拥护？在这两种相反的呼声里面，我都曾平心静气地把这些问题研究了一番，我所得的答案是一致的。我现在要把我一年来对于这些问题考虑的结果写出来，与有同样兴趣的朋友们交换意见。

我们要想把知识阶级研究得明白，首先便须分别“知识”与“智慧”。智慧是生成的，知识是学来的。孟子说：“由射于百步之外也：其至，尔力也；其中，非尔力也。”会射箭的人能百步穿杨。射到一百步的力量是生成的限度。到了一百步还能穿过杨树的一片叶子，那便是学来的技巧了。这就是智慧与知识的分别。又比如言语：说话的能力是生成的，属于智慧；说中国话、日本话，柏林话、拉萨话，便是学成的，属于知识。人的禀赋各不相同，生成的智慧至为不齐。有的是最聪明的，有的是最愚笨的。但从最愚笨的人到最聪明的人，种种差别都是渐渐地推上去的。假使我们把一千个人按着聪明的大小排列成行，我们就晓得最聪明的是少数，最愚笨的也是少数，而各人和靠近的人比起来都差不了几多。我们只觉得各个不同，并找不出聪明人和愚笨人中间有什么鸿沟。我们可以用一个最浅近的比方把这个道理说出来。人的长矮也是生成的。我们可以把一千个人依着他们的长矮顺序排列：从长子看到矮子，只见各人渐渐地一个比一个矮；从矮子看到长子，只见各人也是渐渐地一个比一个长。

在寻常状态之下，我们找不出一大群的长子，叫作长子阶级；也找不出一大群的矮子，叫作矮子阶级。我们在上海的大马路上或是在燕子矶关帝庙会里仔细一望,就可以明白这个道理。从人之长矮推论到人之智愚,我们更可明白生成之智慧只有渐渐的差别，没有对垒的阶级。智慧既无阶级,自然谈不到打倒、拥护的问题。

其次，我们要考察知识的本身。知识有真有伪。思想与行为结合而产生的知识是真知识，真知识的根是安在经验里的。从经验里发芽抽条开花结果的是真知灼见。真知灼见是跟着智慧走的。同处一个环境,同等的智慧可得同等的真知灼见。智慧是渐渐地相差,所以真知灼见也是渐渐相差。智慧既无阶级，真知识也就没有阶级。俗语说：“三百六十行，行行出状元。”真知识只有直行的类别，没有横截的阶级。各行的人有绝顶聪明的，也有绝不中用的。但在他们中间的人,智力上的差别和运用智力取得之真知识的差别都是渐渐的,都是没有阶级可言。倘使要把三百六十行的“上智”联合起来，称为知识阶级，再把三百六十行的“下愚”联合起来，称为无知识阶级，那就是一件很勉强很不自然的事了。

照这样说来，世界上不是没有知识阶级了吗？不，伪知识能成阶级！什么是伪知识？不是从经验里发生出来的知识便是伪知识。比如知道冰是冷的，火是热的是知识。小孩儿用手摸着冰便觉得冷，从摸着冰而得到“冰是冷的”的知识是真知识。小孩儿单用耳听妈妈说冰是冷的而得到“冰是冷的”的知识是伪知识。小孩儿用身靠近火便觉得热，从靠近火而得到“火是热的”的知识是真知识。小孩子单用耳听妈妈说火是热的而得到“火是热的”的知识是伪知识。有人在这里便起疑问：“如果样样知识都要从自己的经验里得来，岂不是麻烦得很？人生经验有限，若以经验范围知识，那么所谓知识岂不是也很有限了吗？没有到过热带的人，就不能了解热带是热的吗？没有到过北冰洋的人，就不能了解北冰洋是冷的吗？”这些疑问是很重要的，我们必须把他们解答清楚，方能明了真知识与伪知识的分别。我只说真知识的根是要安在经验里，没有说样样知识都要从自己的经验上得来。假使我们抹杀别人经验里所发生的知识而不去运用，那真可算是世界第一个大呆子。我们的问题是要如何运用别人经验里所发生的知识使它成为我们的真知识，而不要成为我们的伪知识。比如接树：一种树枝可以接到别一种树枝上去使他格外发荣滋长，开更美丽之花，结更好吃之果。如果把别人从经验发生之知识接到我们从自己经验发生之知识之上去，那么，我们的知识必可格外扩充，生活必可格外丰富。我们要以自己的经验做根，以这经验所发生的知识做枝，然后别人的知识方才可以接得上去，别人的知识方才成为我们知识的一个有机体部分。这样一来,别人的知识在我们的经验里活着，我们的经验也就生长到别人的知识里去开花结果。至此，别人的知识便成了我们的真知识。其实，他已经不是别人的知识而是自己的知识了。倘若对于某种知识，自己的经验上无根可找，那么无论如何勉强，也是接不活的。比如在厨房里烧过火的人，或是在火炉边烤过火的人，或是把手给火烫过的人，便可以懂得热带是热的；在冰房里待过的人，或是在冰窖里待过的人,或是做过雪罗汉的人,便可以懂得北冰洋是冷的。对于这些人，“热带是热的，北冰洋是冷的”虽从书本上看来，或别人演讲时听来，也是真知识。倘自己对于冷热的经验丝毫没有，那么，这些知识虽是学而时习之，背得熟透了，也是于他无关的伪知识。

知识的一部分是藏在文字里，我们的问题又成为："什么文字是真知识？什么文字是伪知识？"经验比如准备金，文字比如钞票。钞票是准备金的代表，好一比文字是经验的代表。银行要想正经生意必须根据准备金去发行钞票。钞票是不可滥发的。学者不愿自欺欺人，必须根据经验去发表文字。文字是不可滥写的，滥发钞票，钞票便不值钱；滥写文字，文字也不值钱。欧战后，德国马克一落千丈，当时有句笑话，说是："请得一席客，汽车载马克。"这句话的意思是马克纸币价格跌得太低，寻常请一席酒要用汽车装马克去付账。这是德国不根据准备金而滥发纸币之过。滥发钞票，则虽名为钞票，几是假钞票。吾国文人写出了汗牛充栋的文字，青年学子把他们在脑袋子里都装满了，拿出来，换不得一肚饱。这些文字和德国纸马克是一样的不值钱，因为他们是在经验以外滥发的文字，是不值钱的伪知识。

我国先秦诸子如老子、孔子、孟子、庄子、墨子、杨子、荀子等都能凭着自己的经验发表文字，故有独到的议论。他们好比是根据自己的准备金发可靠的钞票。孔子很谦虚，只说“述而不作，信而好古”，自居为根据古人的准备金为古人清理钞票，他只承认删诗书，定礼乐，为取缔滥发钞票的工作。孟子虽是孔家的忠实行员，但心眼稍窄，只许孔家一家银行存在，拼命地要打倒杨家、墨家的钞票。汉朝以后，学者多数靠着孔子的信用，继续不断地滥发钞票，甚至于又以所滥发的钞票做准备库，滥上加滥地发个不已，以至于汗牛充栋。韩文公的脾气有些像孟子，他眼看佛家银行渐渐地兴旺，气愤不过，恨不得要拼命将他封闭，把佛家银行的行员杀得干干净净。他至今享了“文起八代之衰”的盛名。但据我看来,所谓“文起八代之衰”只是把孔家银行历代经理所滥发的钞票换些新票而已，他又乘换印新票的时候顺带滥发了些新钞票。程、朱、陆、王纵有许多贡献及不同的地方，但是他们四个人大部分的工作还是根据孔、孟合办银行的招牌，和从前滥发的钞票去滥发钞票。他们此时正与佛家银行做点汇兑，所以又根据佛家银行的钞票，去滥发了些钞票。颜习斋看不过眼，谨慎地守着孔家银行的准备库，一方面大声疾呼地要严格按着准备金额发行钞票，一方面要感化佛家银行行员使它无形解体。他是孔家银行里一位最忠实的行员，可是他所谨守的金库里面有许多金子已经上锈了。等到八股发达到极点，朱注的“四书”被拥护上天的时候，全国的人乃是以朱子所发的钞票当为准备金而大滥特滥地去发钞票了。至此，中国的知识真正濒于破产了。吴稚晖先生劝胡适之先生不要迷信整理国故，自有道理。但我觉得整理国故如同清理银行账目一样，是有他的位置的。我们希望整理国故的先生们经过很缜密的工作之后，能够给我们一本报告，使我们知道国故银行究竟有几多准备金，究竟能发行多少钞票，哪些钞票是滥发的。不过他们要谨慎些，千万不可一踏进银行门，也去滥发钞票。如果这样，那这笔账更要糊涂了。总括一句：只有从经验里发生出来的文字才是真的文字知识，凡不是从经验里发生出来的文字都是伪的文字知识。伪的文字知识比没有准备金的钞票还要害人，还要不值钱。

伪的知识，伪的文字知识既是害人又不值钱，那么，它如何能够存在呢？产生伪知识的人，应当连饭都弄不到吃，他们又如何能成阶级呢？伪知识和伪钞票一样，必须得到特殊势力之保障拥护才能存在。伪知识阶级是特殊势力造成的。这特殊势力在中国便是皇帝。

创业的皇帝大都是天才。天才忌天才是很自然的一件事。天下最厉害的无过于天才得了真知识。如果政治的天才从经验上得了关于政治的真知灼见，谁的江山也坐不稳。做皇帝的人，特别是创业之主，是十分明了此中关系的，并且是一百分地不愿意把江山给人夺去。他要把江山当作子孙万世之业，必得要收拾这些天才。收拾的法子是使天才离开真知识，去取伪知识。天才如何就他的范围，进他的圈套呢？说来倒很简单。皇帝引诱天才进伪知识的圈套有几个法子。一、照他的意旨在伪知识上用功，便有吃好饭的希望。俗话说："只有穷秀才，没有穷举人。"伪知识的工夫做得愈高愈深，便愈能解决吃饭问题。二、照他的意旨在伪知识上用功，便有做大官的希望。世上之安富尊荣，尽他享受。中了状元还可以做驸马爷，娶皇帝的女儿为妻。穿破布烂棉花去赴朝考的人，个个都有衣锦还乡的可能。三、照他的意旨在伪知识上用功，便有光宗耀祖的希望。这样一来，全家全族的人都在那儿拿着鞭子代皇帝使劲赶他进圈套了。倘使他没有旅费，亲族必定要为他凑个会，或是借钱给他去应试。倘使他不去，又必定要用“不长进”一类的话来羞辱他，使他觉得不去应试是可耻的。全家全族的力量都做皇帝的后盾，把天才的儿孙像赶驴子样一个个地赶进皇帝的圈套，天下的天才乃没有能幸免的了。

伪知识阶级不是少数人可以组织成功的。有了皇帝做大批的收买，全社会做这大批生意的买办，个人为名利权位所诱而不能抵抗出卖，伪知识阶级乃完全告成。依皇帝的目光看来，这便是“天下英雄，尽入我彀中”。雄才大略的帝王个个有此野心，不过唐太宗口快，无意中把他说破罢了。最可叹的是皇帝手段太辣。一方面是积极地推重伪知识，所谓“满朝朱紫贵，尽是读书人”一类的话，连小孩都背熟了；一方面是消极地贱视伪知识以外的人，所谓“万般皆下品，唯有读书高”，又是从娘胎里就受迷的。所以不但政治天才入了彀，七十二行，行行的天才都入了他的圈套了。天才是遗传的，有其父必有其子。老子进了圈套，儿子、孙子都不得不进圈套。只要“书香之家”四个大字，便可把全家世世代代的天才圈入伪知识阶段。等到八股取士的制度开始，伪知识阶级的形成乃更进一步。以前帝王所收买的知识还夹了几分真，等到八股发明以后，全国士人三更灯火五更鸡去钻取的知识乃是彻底不值钱的伪知识了。这种知识除了帝王别有用意之外，再也没有一人肯用钱买的了；就是帝王买去也是丝毫无用，也是一堆一堆的烧去不要的。帝王是醉翁之意不在酒，他哪里是收买伪知识，他只是用名利、权位的手段引诱全国天才进入伪知识的圈套，成为废人，不能与他的儿孙争雄罢了。

这些废人只是为“惜字炉”继续不断地制造燃料，他们对于知识的全体是毫无贡献的。从大的方面看，他们是居于必败之地。但从他们个人方面看，却也有幸而成的与不幸而败的之分别。他们成则为达官贵人，败则为土豪、劣绅、讼棍、刀笔吏、教书先生。最可痛心的，就是这些废人应考不中，只有做土豪、劣绅、讼棍、刀笔吏、教书先生的几条出路。他们没有真本领赚饭吃，只得拿假知识去抢饭吃，骗饭吃。土豪、劣绅、讼棍、刀笔吏之害人，我们是容易知道的；教书先生之害人更广、更深、更切。我们是不知道的。教书先生直接为父兄教子弟，间接就是代帝王训练伪知识阶级。他们的知识，出卖给别人吧，嫌它太假；出卖给皇帝吧，又嫌它假得不彻底。不得已，只好拿来哄骗小孩子。这样一来，非同小可，大书呆子教小书呆子，几乎把全国中才以上的人都变成书呆子了，都勾引进伪知识阶级了。伪知识阶级的势力于是乎雄厚，于是乎牢不可破，于是乎继长增高，层出无穷。

皇帝与民争，用伪知识来消磨民间的天才，确是一个很妙的计策。等到民间的天才消磨已尽，忽然发生了国与国争，以伪知识的国与真知识的国抗衡，好一比是拿鸡蛋碰石头，哪有不破碎的道理！鸦片之战，英法联军之战，甲午之战，没有一次幸免，皇帝及大臣才明白伪知识靠不住，于是废八股，兴学堂。这未始不是一个转机。但是政权都操在伪知识阶级手中，他们哪会培养真知识？他们走不得几步路，就把狐狸尾巴拖出来了。他们自作聪明地把外国的教育制度整个地抄了一个来。他们曾用眼睛、耳朵、笔从外国贩来了些与国情接不上的伪知识。他们把书院变成学堂，把山长改为堂长。“四书”用不着了，一律换为各种科学的教科书。标本、仪器很好看，姑且拣那最好看的买他一套，在玻璃柜里陈列着，可以给客人参观参观。射箭很不时髦，要讲尚武精神，自须学习兵操。好，他们很信他们的木头枪真能捍国卫民咧！这就算是变法！这就算是维新！这就算是自强！一般社会对于这些换汤不换药的学堂却是大惊小怪，称他们为洋学堂，又称学堂里的学生为洋学生。办学的苦于得不到学生，于是除供饭食发零用外，还是依旧地按着学堂等级给功名：小学堂毕业给秀才；中学堂毕业给贡生；高等学堂毕业给举人；大学堂学生给进士；外国留学回来的，赴朝考及第给翰林点状元。社会就称他们为洋秀才、洋贡生、洋举人、洋进士、洋翰林、洋状元。后来废除功名，改称学士、硕士、博士等名目，社会莫名其妙了。得到这些头衔的人还是仍旧用旧功名翻译新功名，说是学士等于秀才，硕士等于举人，博士等于翰林，第一名的博士便是从前的状元。说的人自以为得意，听的人由羡慕而称道不止，其实这还不是穿洋装的老八股吗？穿洋装的老八股就是洋八股。老八股好比是根据本国钞票发行的钞票；洋八股好比是根据外国钞票去发行的钞票。他们都是没有准备金的假钞票。洋八股和老八股虽有新旧之不同，但同不是从经验里发生的真知识，同是不值钱的伪知识。从中国现在的情形看来，科学与玄学之争，只可说是洋八股与老八股之争。书本的科学，陈列的实验，岂能当科学实验之名。他和老八股是同样无用的东西。请看三十年来的科学，发明在哪里？制造在哪里？科学客倒遇见不少，真正的科学家在哪里？青年的学子：书本的科学是洋版的八股，在讲堂上高谈阔论的科学客，与蒙童馆里的冬烘先生是同胞兄弟，别给他们骗走了啊！

所以中国是有伪知识阶级。构成中国之伪知识阶级有两种成分：一是老八股派，二是洋八股派。这个阶级既靠伪知识骗饭吃，不靠真本领赚饭吃，便没有存在的理由。

这个阶级在中国现状之下已经是山穷水尽了。收买伪知识的帝王已经消灭，再也找不出第二个特殊势力能养这许多无聊的人。但因为惰性关系，青年们还是整千整万地向着这条死路出发，他们的亲友仍旧是拿着鞭儿在后面使劲儿地赶。可怜得很，这些青年个个弄得焦头烂额，等到觉悟回来，不能抢饭的便须讨饭。伪知识阶级的末路已经是很明显了，还用得着打倒吗？又值得拥护吗？

但是一班狡猾的伪知识者找着一个护身符，这护身符便是“读书”两个字。他们向我们反驳说：“书也不应当读了吗？”社会不明白他们葫芦里卖的是什么药，也就随声附和地说：“是啊！书何能不读呢！”于是“读书不忘救国；救国不忘读书”，便成了保障伪知识阶级的盾牌。所以不把读书这两个字说破，伪知识阶级的微生物便能在里面苟延残喘。我们应当明白，书只是一种工具，和锯子、锄头是一样的性质，都是给人用的。我们与其说“读书”，不如说“用书”。书里有真知识和伪知识，读他一辈子，不能辨别他的真伪；可是用他一下，书的本来面目便显了出来，真的便用得出去，伪的便用不出去，也如同真的锯子才能锯木头，真的锄头才能锄泥土，假的锯子、锄头一用到木头、泥土上去就知道他不行了。所以提到书便应说“用书”，不应说“读书”，那伪知识阶级便没得地方躲了。与“读书”联成一气的有“读书人”一个名词。这个名词，更要不得。假使书是应当读的，便应使人人有书读。决不能单使一部分的人有书读，叫作读书人；又一部分的人无书读，叫作不读书人。比如饭是应当吃的，应使人人有饭吃；决不能使一部分的人有饭吃，叫作吃饭的人；又一部分的人无饭吃，叫作不吃饭的人。从另一方面看，只知道吃饭，不成饭桶了吗？只知道读书，不成为有脚可以走路的活书架子了吗？我们为避免堕入伪知识阶级的诡计起见，主张用书不主张读书。农人要用书，工人要用书，商人要用书，兵士要用书，医生要用书，律师要用书，画家要用书，教师要用书，音乐家要用书，戏剧家要用书，三百六十行，行行都要用书。行行都成了用书的人，真知识才愈益普及，愈能发现了。书是三百六十行的公物，不是读书人所能据为私有的。等到三百六十行都是用书人，读书的专利营业便完全打破，读书人除非改行，便不能混饭吃了。这个日子已经来到，大家还不觉悟，只有死路一条。凡受过中国新旧教育的人，都免不了有些“伪知识”的成分和倾向。为今之计，我们应当痛下四个决心：

一、从今以后，我们应当放弃一切固有的伪知识；

二、从今以后，我们应当拒绝承受一切新来的伪知识；

三、从今以后，我们应当制止自己不要再把伪知识传与后辈；

四、从今以后，我们应当陪着后起的青年共同努力去探真知识的泉源。

最后，我要郑重地说：二十世纪以后的世界，属于努力探获真知识的民族。凡是崇拜伪知识的民族，都要渐就衰弱以至于灭亡。三百六十行中绝没有教书匠、读书人的地位，东西两半球上面也没有中华书呆国的立足点。我们个人与民族的生存都要以真知识为基础。伪知识是流沙，千万不可在他上面流连忘返。早一点觉悟，便是早一点离开死路，也就是早一点走向生路。这种生死关头，十分显明，绝无徘徊迟疑之余地。起个取真去伪的念头，是走向生路的第一步。明白伪知识的买主已经死了永不复生并且绝了种，是走向生路的第二步。以做“读书”人或“读书”先生为最可耻，是走向生路的第三步。凡事手到心到——在劳力上劳心，便是骑着千里驹在生路上飞跑了。

出自 1928 年 4 月上海亚东图书馆版《中国教育改造》